Teams
Zoom
YouTube
etc.

オンラインでの「伝え方」ココが違います！

矢野 香
スピーチコンサルタント

すばる舎

プロローグ

▼実は、できていない人が多い！

あなたは、オンラインできちんとした「伝え方」ができていますか？

「オンライン？　Teams も Zoom もだいたい使えるようになったから大丈夫」と思ったあなた。それはオンラインの「使い方」です。

「オンラインでの伝え方？　リアルと同じように話せばいいだけでしょう？」と思ったあなた。それは大きな間違いです。

オンラインは、従来のリアルとは、伝え方が違います！

人と人とのコミュニケーションが、直接会う「リアル」から「オンライン」に急激にシフトしています。

これまで、顔を突き合わせリアルで行っていたミーティングや会議、講演やセミナー等が、オンラインで行われるようになりました。一緒に仕事をするメンバーや取引先、お客さまはもちろん、初対面の方ともオンラインでコミュニケーションを取ることが当たり前になりました。

こうした時代の変化に、私たちのオンラインでのコミュニケーション力――。すなわち、話したり、聞いたりするといった「伝える力」は追いついているでしょうか？

残念ながら、答えはノー。

オンラインにおける適切な伝え方ができている方は、ほんの一握りだけ。

大半の方は、オンラインでの「伝え方」がしっかりとできていません。

その原因は、ただ一つ。
今までと同じ伝え方をしているから。これに尽きます。

よくある間違ったケースが、Teams や Zoom、Webex、YouTube 等というオンラインのシステムを使ってはいるものの、コミュニケーションの取り方はリアルのまま。**リアルでやっていたことを、ただオンラインで映しているだけ**というものです。

その結果、

・話が噛み合わない
・参加者からの反応や発言が少ない
・だらだら話す人に時間を奪われる
・論点がずれたまま軌道修正できない
・毎回、時間が超過する
・トラブルが頻発し、疲労感だけが残る

こんな手痛い失敗があちこちで起きています。

そして、「オンラインは、なんか苦手」と感じてしまっている方も多いことでしょう。

いずれも、リアルの場で良しとされていた伝え方をオンラインでもしていることが原因です。

オンラインは「リアルの代替」ではありません。

それを知らずにやり続けると、どうなるか？　リアルでは結果を出し評価が高かったのに、オンラインではなぜか心もとない。

そう判断され、評価を落としてしまうでしょう。

オンラインならではの伝え方を早急に身に付け、実践する必要があるのです。

この変化に対応し、「準備をする人」と「準備をしない人」とでは、みるみる差が開いていきます。今後、手にする年収や地位などの成果も違ってしまうでしょう。

▼「従来の伝え方」と何が違う？

これからは、リアルで良しとされていた伝え方は、オンラインでは通用しなくなります。たとえば、

・相づちを打ちながら相手の話を聞く
・相手の反応をみながら、興味や理解に合わせて話を変える
・質問しながら会話を広げる
・ジェスチャーが多い
・阿吽の呼吸で仲良くなる

このように、お互いに相手と作り上げる伝え方は、オンラインにはふさわしくありません。話がわかりにくいのはもちろん時間の浪費につながったり、多大な徒労感をもたらしたりして、私たちを疲弊させるだけ。

何の成果も生み出せません。

それはなぜか？

オンラインとリアルは別物だからです。

そもそも別物であるがゆえに、伝え方のスキルが異なるのです。

その一つが「順番」。

オンラインでは「言葉よりもアクションが先」という「アクション・ファーストの法則」があります。

通常、リアルでの会話では、発言したいときは「あのー」とまず声を出します。その後に手を挙げるなどして意思表示しますよね（ボイス・ファースト）。

しかし、オンラインでは逆。

オンラインで話に割り込みたいときは、まず手を挙げ意思表示する。その後に「あのー」と声を出す**「アクション・ファースト」が正解です。**

オンラインだと話していても意思の疎通がしづらい。なかなか発言するタイミングがつかめない。自分の伝えたい思いや情熱が伝わらない。

また、YouTubeで動画配信しても、最後まで見てくれない。再生数やチャンネル登録数が増えない。

こうした私たちの悩みは、この「アクション・ファースト」などのオンラインでのルールを知らないから。ただ、それだけなのです。

オンラインとリアルの伝え方には、知っておくべき「ルールの違い」があるのです。この違いを知っておくことは、オンライン時代の「新常識」です。

本書はこのオンラインでのルールを一冊にまとめました。

▼人気YouTuberは、このスキルを駆使している！

実際、人気YouTuberの方々を分析すると（78ページ参照）、**この「アクション・ファースト」で伝えています。**

なかでもうまいのは中田敦彦さん。「YouTube大学」でホワイトボードの前でジェスチャーや表情の**「アクション・ファースト」**を使って、**「3倍の反応（103ページ）」の高いテンションで伝える姿は引き込まれるものがありますよね。**

その他、マコなり社長さんは**「台形バスト・ショット（76ページ）」と「15センチ奥のカメラ目線（68ページ）」が絶妙です。**

「私、YouTuberじゃないし。ただ、オンライン会議に出ているだけだし……」と思ったあなた。それも、大きな間違いです。

オンラインでは、自分が映っている四角い枠の中での表現がすべてです。

自分の枠を意識して伝えられているかどうか。これがオンラインでの話のうまさにつながります。

私もかつて、四角い枠の中から、伝える仕事をしていました。NHKキャスターとして視聴者に向けてニュースや情報を17年間伝えてきました。

テレビ画面という四角い枠の中から、キャスターが視聴者に向けて情報やメッセージを伝えることは、今、私たちがオンラインで四角い枠の中から相手に向かって話しかけることと同じスキルです。

アナウンサーにとっての四角いテレビ画面、YouTuberにとっての四角い動画画面、私たちにとっての四角いオンライン画面。これは同じものなのです。

テレビの世界でアナウンサーがより正確に、よりわかりやすく伝えるために行っているスキルは、私たちがTeamsやZoomまたYouTubeといったオンラインで伝えるときにも有効なのではないか。そう考え、研究者として専門分野である心理学の見地から検証した結果、その有効性が認められました。その内容も本書ではご紹介しています。

▼オンラインでの影響力は甚大に

急激なオンライン時代へのパラダイムシフト。

これは悪いことばかりではありません。

まだオンラインでの伝え方スキルを身に付けている人が少ない今だからこそ、先んじて学べば可能性が広がります。

年齢、立場にかかわらず、オンラインの場において存在感や影響力を増すことができます。

私は現在、スピーチコンサルタントとして、そのお手伝いをしています。

あるビジネスパーソンは、取引先に半年かけて提案し続けていたものの、難航していたプロジェクトがありました。対面からオンライン会議に変えざるを得なくなり、今まで触ったこともないTeamsの使い方から習うつもりでトレーニングにいらっしゃいました。そこで、本書で紹介している**「オンライン二刀流」**（100ページ）

を試していただきました。その結果、**リアルに比べてチームワークが取りやすく取引先からの信頼感が増し、提案が通った**と喜んでいらっしゃいました。

また、ある業界大手企業のトップは、年度初めのキックオフミーティングでのプレゼンテーションのためにトレーニングを行いました。本書で紹介しているスキルを総合的に取り入れていただいた結果、**社長就任以来、最高の社員満足度という結果を勝ち取りました。**オンライン開催のため世界中から、去年より多い2000人を超える社員が参加するというプレッシャーの中だったと、肩の荷を下ろしホッとなさっていました。

さらに、そのチャンスは世界規模。

リアルで会わなくてもオンラインで相手の信頼を勝ち取ることができれば、ビジネスやプライベートの可能性が簡単に世界中に広がります。

三井物産の安永竜夫代表取締役社長は、アフリカのモザンビークで取り組むLNG・液化天然ガス開発のプロジェクトファイナンス交渉を、全てオンラインで行ったことを公表しています。

1兆5000億円もの融資を、オンラインでまとめたのです！

日本企業が参加しているプロジェクトファイナンスとしては、最大規模の融資と報じられています。

▼成功に向けた一歩を！

これからのオンライン時代。

たとえ、直接は一度も会ったことがない相手でも「オンラインで信頼を勝ち取る伝え方」ができれば、それは武器になります。

オンラインでの伝え方のルールやノウハウを紹介し、できるだけ簡単に出来るよう

になっていただくこと。
そして、あなたにオンライン世界でも活躍していただくこと。
それが本書の狙いです。

時代を読むことに長けた感度の鋭いエグゼクティブやリーダーの方々は、すでに本書でお伝えしている「オンライン時代の新常識」を学び、会得され、目覚ましい成果を出されています。

ぜひ、あなたも必要な場面に応じて本書を開き、「オンラインでの伝え方」をどんどん試してください。
次に成功を手にするのは、あなたです！

二〇二〇年十月

矢野 香

目次

2章 オンラインでの「3つの原則」

「初歩の間違い」を正す！

3章

ダンゼン生産性が上がる

「映像ありき」は間違いです！

4章

まずはココから！

信頼される人は「この準備」を欠かさない

5章

「言葉遣い」から「所作」まで

「わかりやすい伝え方」のキホン

6章

主催者になったら ミーティング・会議は短い時間で！

7章

リーダーシップもシフトする

リーダーの伝え方「8つのポイント」

装丁／石間淳
本文デザイン、イラスト／草田みかん
カバー写真／一原真巳

1章

「伝え方の違い」をチェック！

オンラインでは、ココが違う！

1 7つの変化を知っておく

オンラインへのシフトで、生き残る人と淘汰されてしまう人――。

その分かれ目は、リアルで会って話すという従来のコミュニケーションと、これから増えていくオンライン・コミュニケーションとを使い分けられるかどうかです。

今後も、リアルで会って話すということ自体が無くなることはないでしょう。

しかし、「リアルとオンラインを使い分ける時代」へと確実にシフトします。

オンラインならではのコミュニケーションを身に付ける必要があるのです。

本章では、オンライン時代に起きる変化、そして、リアルとオンラインのコミュニケーションの違いについてお伝えします。

▶オンライン時代を生きていくために

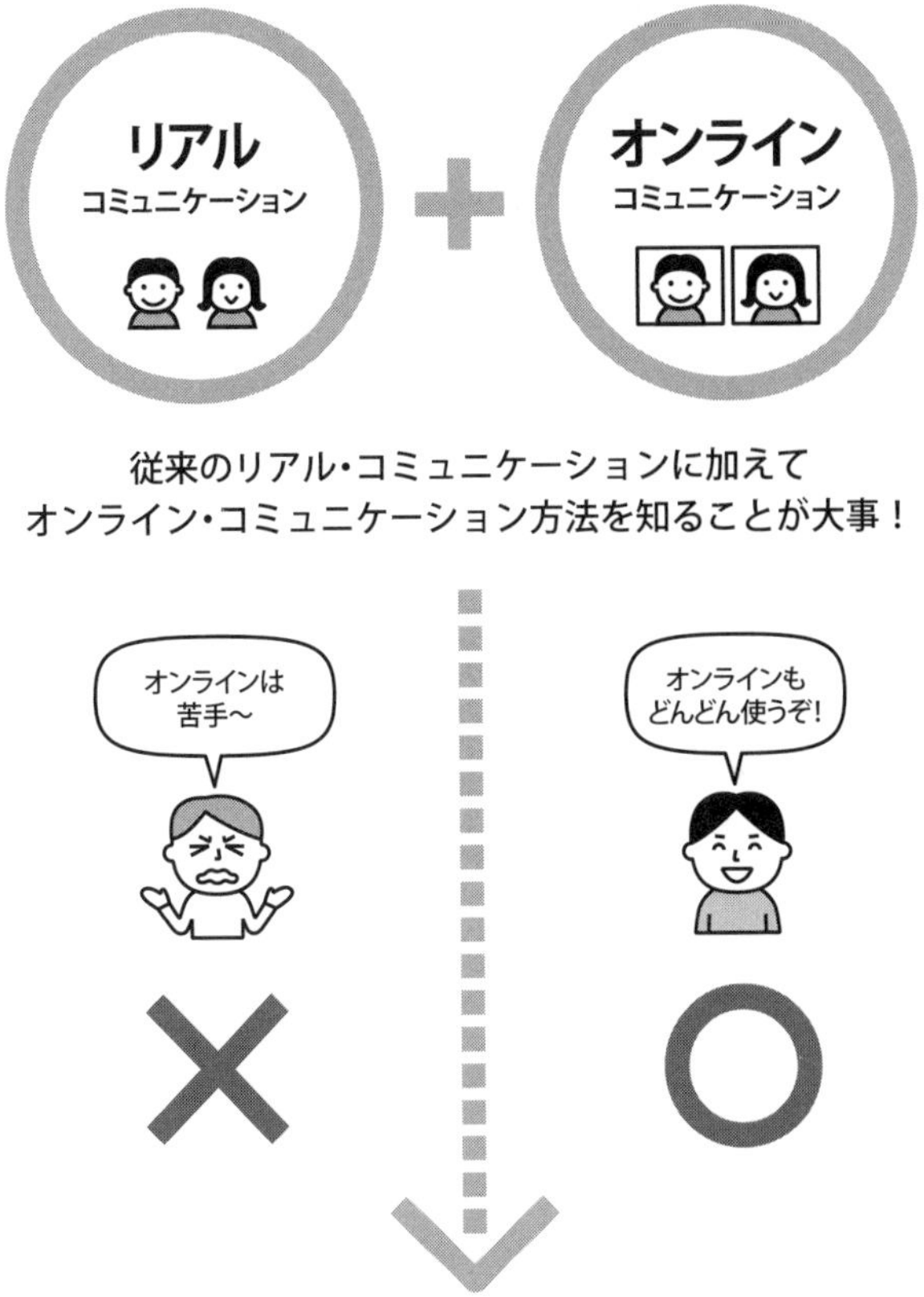
リアル
コミュニケーション
オンライン
コミュニケーション
従来のリアル・コミュニケーションに加えて
オンライン・コミュニケーション方法を知ることが大事！
オンラインは
苦手〜
オンラインも
どんどん使うぞ!

適切に使い分けることで
仕事もプライベートも充実する

オンラインに切り替わることでコミュニケーションは7つのポイントが変わります。

①**リアルの価値**（↓30ページ参照）
②**話し方のコツ**（↓33ページ参照）
③**伝わる情報**（↓38ページ参照）
④**個別性**（↓41ページ参照）
⑤**公私の分け方**（↓45ページ参照）
⑥**共有する内容**（↓48ページ参照）
⑦**時間・空間の感覚**（↓52ページ参照）

これら「7つの変化」に気づいた人から順に、オンラインの「新常識」を学びはじめます。そして少しずつ試しながら、新しい基準に適応していきます。

気づいた人が過半数を超えたとき、時代が完全に変わるのです。

本書を手にしているあなたは、時代の変化にいち早く気づいた人です。

次項から紹介するスキルのうち、自分に必要なものから順に取り入れていきましょう。周りの人たちより先にオンライン特有のコミュニケーションを自分のものにすると、活躍の場が広がります。

では、7つの変化について順番にお伝えします。

なお、「明日オンラインでの会議がある!!」とお急ぎの方は、具体的なスキルを紹介している2章から先にお読みください。

CHECK

オンラインの「新常識」をいち早く学んだ人から成功する

2 「リアルでも会いたい人」になろう

REAL
初対面は実際に会う
ONLINE
初対面からオンライン

ある研究では、日本人はイギリス人と比べ「会うことを重要視する」傾向があること。オンラインは「本来のコミュニケーションではない」と認識する傾向があることが報告されています。私たちはどうしても、「オンラインはリアルより劣る」、「オンラインはリアルの代替」と捉えてしまうようです。

しかしこれからは、オンラインは当たり前で一般的なことになります。初対面

▶初対面からオンラインが増えていく

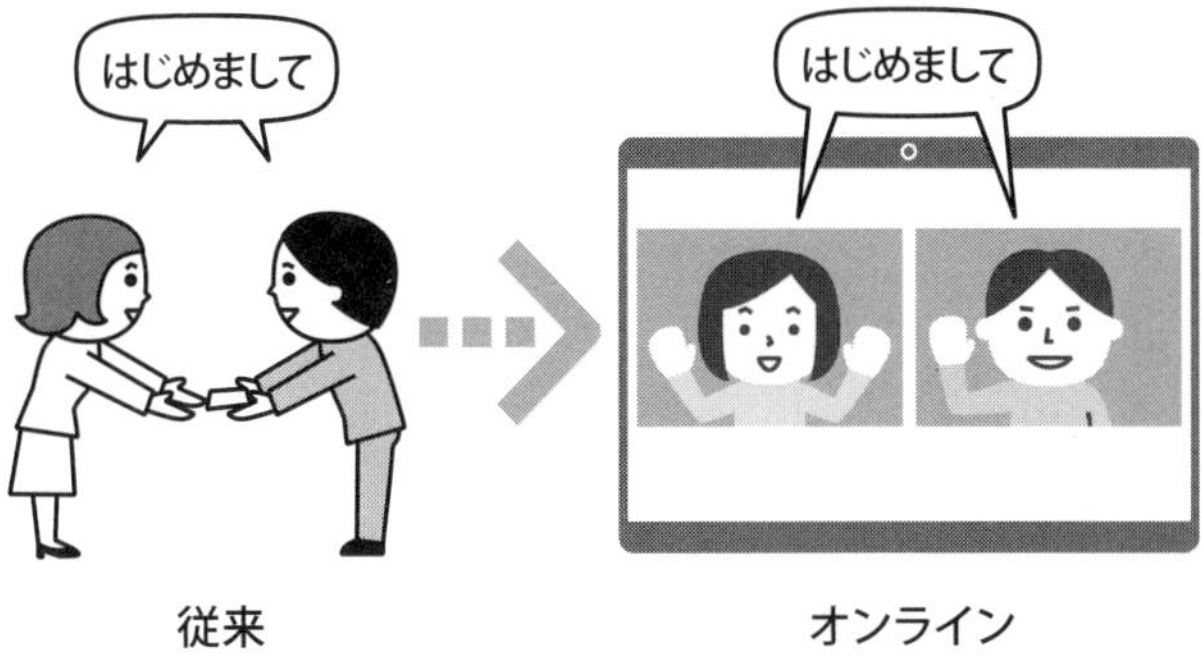

からオンラインで話すという機会も増えるでしょう。

実際に会って話す機会が減ることで、「リアルの価値」が、さらに高まることが予想されます。

相手は、わざわざ時間を取って移動して、時間と空間の制限を超えて、あなたと対面するわけです。このことは、相手があなたのことを「対面するほどの価値がある」とみなした証拠になります。

たとえば、取引先に何かを提案したい。そのための時間を取ってほしいとしましょう。

これまでのように、すぐリアルで会う

のではなく、「まずはオンラインで話を聞こう」となるでしょう。そのオンラインでの伝え方次第で「これ以上お断り」なのか、「もっと詳しく聞きたいから会いに来て」となるのかが判断されます。

つまり、オンラインを通過しなければ対面できないという いわば「関門」が設けられてしまったのです。

あなたは、オンラインから先に進めない人、なかなかリアルで会ってもらえない人になる危険性はありませんか？

「この人は、時間とお金を使ってまでリアルで会う価値があるのか？」

これが、これからのオンライン時代、相手の判断基準になるでしょう。

CHECK

「リアルでも会いたい」と思われる人を目指す

3 伝え方のコツは180度変わる！

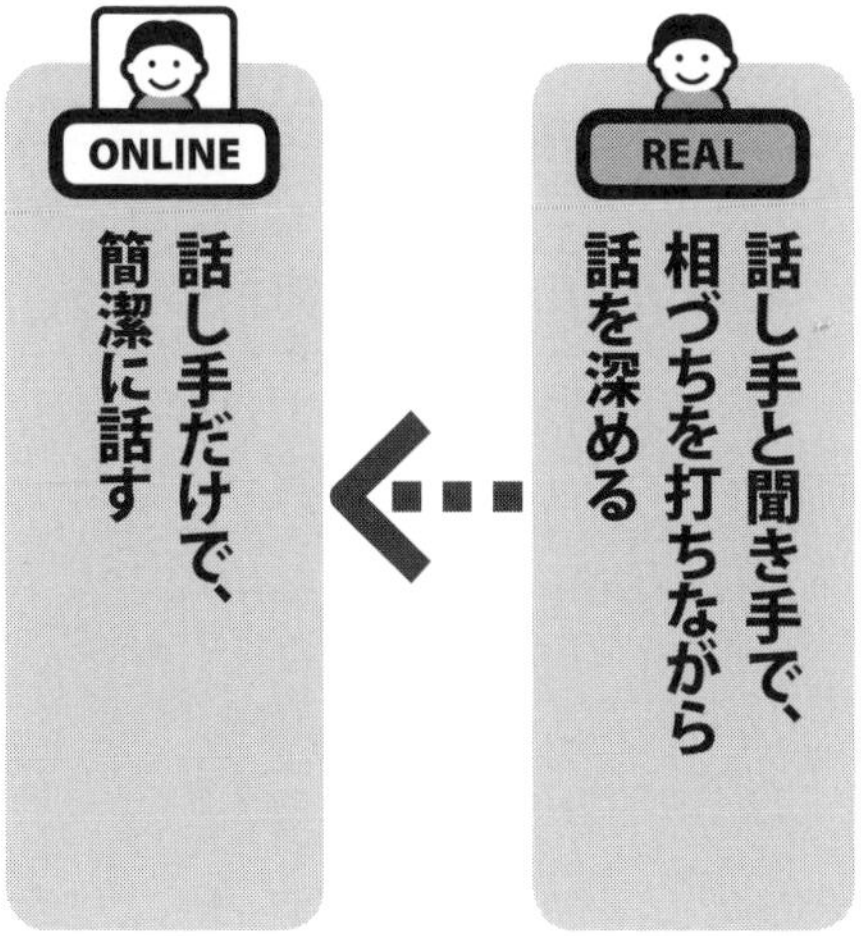
REAL
話し手と聞き手で、相づちを打ちながら話を深める
ONLINE
話し手だけで、簡潔に話す

リアルとオンラインの決定的な違いは、「会話の続け方」です。コミュニケーション形式が違うのです。

リアルでの会話は、話し手と聞き手が互いに協力しながら作りあげるものです。たとえば、相手の話に相づちを打ったり、質問をしたり、反対に質問に答えたり。会話の中で話し手が入れ替わりながら、会話が深まっていくのが理想的なやりとりです。

一方、オンラインでの会話は話し手が限定されます。一人の話し手が、発言ごとに話を完結させる形式です。同時に複数の人が話すことはできません。「うん、うん」という相づちですら、話し手の声と重なると聞き取りづらくなるため遠慮します。そのため、**聞き手は話し手が最後まで話し切るまで待つことになります。**一人の発言が終わってから、別の人が発言する。その繰り返しによってコミュニケーションが深まるのが理想的なやりとりです。

同じような形式は、国会での質疑です。テレビやインターネットで中継されている国会での予算委員会などを思い出してください。まず、質疑者が質問する。次に、議長が「○○大臣」などと答弁者を指名する。指名された人は立ち上がり、答弁席で回答する。それを受けて、再度「××くん」と指名された議員が質問する。これを何回か繰り返すことで国会審議という一つの会話を作り上げます。オンラインは、これと同じモデルです。

こうした「会話の続け方」の違いにより、オンラインでは一人だけで話を完結させる力を求められます。**つまり、短く簡潔に話すことが「上手な話し方」の必須条件**

▶聞き方、話し方のポイントが異なる

リアルでは……

話すとき	相手の反応を見ながら、互いにやりとり
聞くとき	相づちを打つ

オンラインでは……

話すとき	短く簡潔に話す
聞くとき	相づちは控え、話し終えるまで待つ

そのほかにも、オンラインならではの
伝え方のルールがある

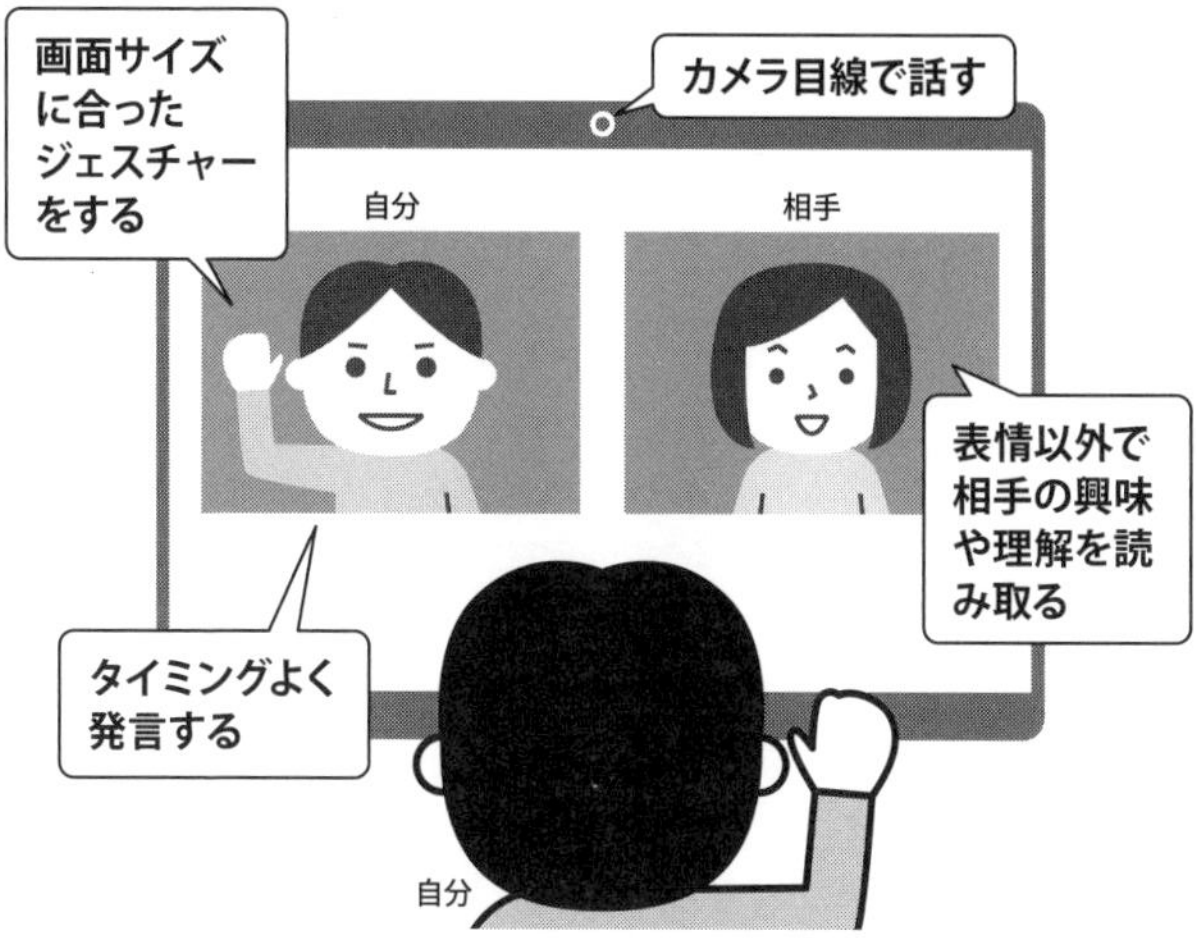

画面サイズに合ったジェスチャーをする
カメラ目線で話す
自分
相手
表情以外で相手の興味や理解を読み取る
タイミングよく発言する
自分

です。

相手の相づちなどに頼らず、一人だけで伝えられる発信力が必要なのです。

具体的には、

・短く簡潔に話す
・論理的にわかりやすく話す
・カメラ目線で話す
・画面サイズに合ったジェスチャーをする
・声の高低差で相手を引きつける
・相手を飽きさせない・疲れさせない
・表情以外で相手の興味や理解を読み取る
・相手の話を邪魔せずに聞く
・タイミングよく発言する

こうしたスキル面だけでなく、メンタル面も重要です。

オンラインでは、ネット環境が悪くなった、音声が聞き取りづらい、画面がフリーズしたなどのアクシデントがつきもの。

こうしたアクシデントが起きても慌てないこと。予定通りに進められないときに臨機応変に対処できるメンタルの強さが求められます。いちいち大騒ぎしていたのでは、相手の信頼は得られません。

想定外の状況にも動じない態度も、話のうまさの条件の一つです。

CHECK

オンラインでは、不用意な相づちはノイズになる

4 「言葉の力」がより重要に

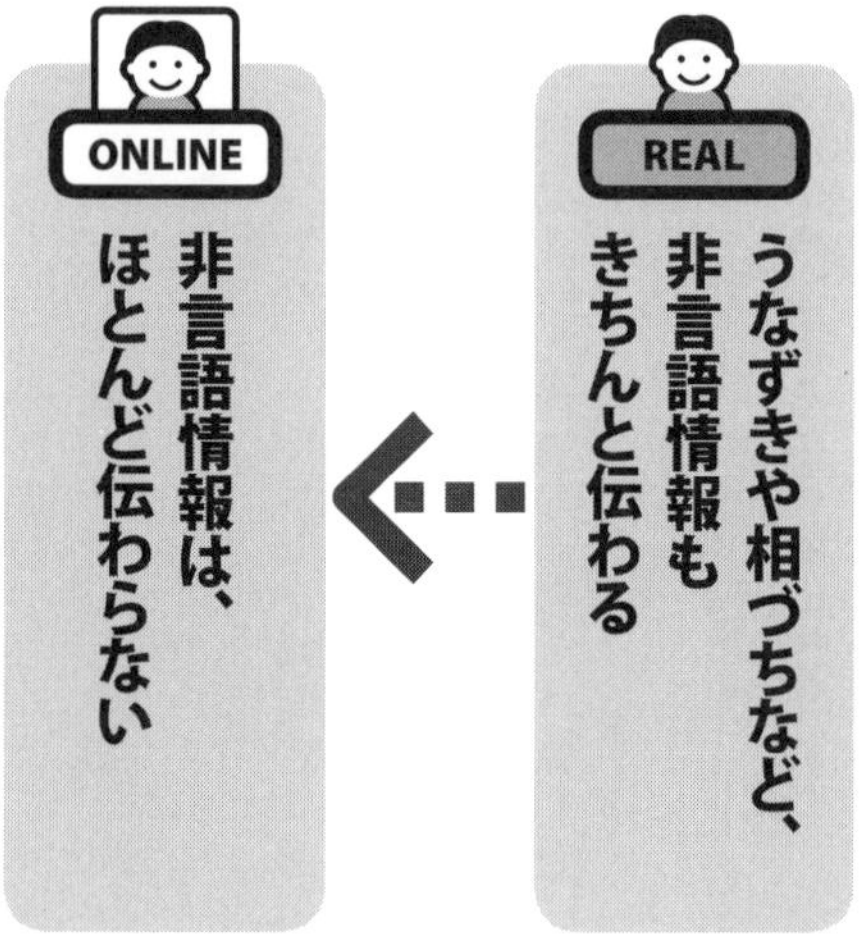
REAL
うなずきや相づちなど、
非言語情報も
きちんと伝わる
ONLINE
非言語情報は、
ほとんど伝わらない

リアルとオンラインでは、「伝わる情報」が違います。

テレワーク（在宅勤務）を実施している全国の2・5万人を対象にしたある調査で、「相手の気持ちがわかりにくい」ことに不安を感じている人が、37・4％に上りました。この不安の原因は、伝わる情報の「種類」と「量」が違うからです。

リアルの場合、「身振り手振り」や「う

なずき」などの言葉以外の非言語情報もきちんと伝わります。

一方、オンラインでは、相手が映っている小さな四角い枠内の情報が全て。**表情のちょっとした変化など微細な情報は受け取りづらくなります。そのためオンラインでは、言語情報が重要になるのです。**

もちろん、オンラインならではの良さもあります。それは、情報格差がなくなること。

グループウェア開発会社のサイボウズは、以前から他社に先駆けリモートワーク導入を進めていた企業です。社長の青野慶久氏は、あるインタビューで「全員がオンラインになってはじめて情報格差に気づいた」と話しています。

同社では、会議の様子を映像で全社に公開。本社はリアル参加、地方からはリモート参加としていたそうです。しかし、このようなリアルとオンラインの同時開催では、思っていた以上に情報格差が生まれていたといいます。リアルで参加している人が、オンラインで参加している人に比べ相手の様子がよく見聞きできるという差は避けられません。

また、同じリアルであっても、前と後ろの席とでは資料の見えやすさには差が出ます。一方、全員がオンライン参加であれば、座席の優位性はありません。全員に同じ大きさの画面で伝わり、情報格差がなくなったといいます。

「非言語情報が伝わりづらい」とオンラインの弱点を嘆くのではなく、広く平等に情報を伝えられるという特性を活かしましょう。言語情報の質を上げることで、さらにその良さが活きてきます。言語情報についての詳細は、5章「『わかりやすい伝え方』のキホン」をご覧ください。

CHECK

わかりやすく、簡潔に話す力を磨いていこう

5 複数いても「あなた」と呼びかける

REAL
「皆さん！」と呼びかける
ONLINE
「あなた！」と呼びかける

オンラインでは、基本は一人で画面の前に座って参加します。個別性の高い場です。そのため目線や言葉遣いに配慮が必要です。

目の前に相手がいないオンラインで相手の目を見て話すとは、どうすればいいのでしょうか。

たとえば、10人で会議をするとしましょう。リアルでの会議であれば、10人

▶オンラインでも相手の目を見て話す

全員を見渡しながら話せば、目線は正解です。相手には、あなたが自分のほうを向いていないときも、その目線の先にも人がいるのが見えています。他の人に向かって話しているのだと理解してくれます。

では、オンラインではどうでしょう。ずらりと並んだ四角い枠の中の10人を見渡しながら話す。これは間違いです。

なぜならオンラインでは、相手には目の前の画面しか見えないからです。見渡してしまうと視線が合いません。

オンラインで多勢の相手の目を見て話すためには、目の前の人と一対一で話すとき

のような目線をする必要があります。（目線について詳細は62ページ参照）。

言葉遣いも、多勢に伝えるだけでなく**一人に向けて語りかけましょう。**

たとえば、オンラインでは「皆さん」ではなく、「あなた」と呼びかけましょう。

リアルで、

「みんなで一緒に頑張りましょう」

「皆さんの協力が必要です」

と言うようなとき、オンラインでは次のように呼びかけましょう。

「あなたの協力が必要です」

どうしても「皆さん」という言葉を使いたいときは、

「みんなで頑張るためには、まずはあなたの協力が必要です」

このように「あなた」と呼びかけるように話すと効果的です。
一緒にその場にいないオンラインであっても、参加者全員でその場を作っているという共有感を出すためです。

CHECK

一緒にいないからこそ、共有感の演出が必要

6 公私の分け方に注意する

REAL
仕事とプライベートは
別の場所
ONLINE
仕事もプライベートも
同じ場所

これまでは、自宅の玄関から一歩外に出れば、そこからはもう「公」でした。一方、オンライン時代は、仕事が自宅という「私」空間に入りこむようになりました。公私の境目がなくなったのです。

日本労働組合総連合会が行った２０２０年４月以降にテレワークを行なった全国の会社員や公務員、アルバイトの男女千人を対象にした調査によると、テレワークで「仕事とプライベートの時間の区別がつかなくなることがあった」と回答したのが71・2％に上りました。

オンラインでは仕事とプライベートという公私の分け方が難しい状況が浮き彫りとなりました。

今後は、公私が混在したグレーゾーンが多くなるでしょう。生活を営みくつろぐ私空間でビジネスを語る。そんな違和感に慣れること。

つまり、**グレーゾーンにおいて公私を切り替える必要があります。**

さらに、そのグレーゾーンが、ビジネス場面で「セーフか、アウトか」の判断をしなければなりません。たとえば、壁に貼ったポスターやカレンダー、絵画などの装飾品は、オンラインで背景に映っていても許されるのか、許されないのか、点検しましょう。

自分が見慣れている物には「これはおかしい」という違和感を持ちにくいものです。**会社の上司や親など、上の立場の人や上の世代の人に、一度、あなたの部屋をオンラインで見てもらうことをお勧めします。**

また、今後、オンライン時に話の内容だけでなく相手の背景にも注目してみましょう。自分の業界で許される公私の境界線を身をもって覚えていくためです。
これからは、ビジネスという公的な場面において、自分が相手の「私」の中にどの程度入っているかという感覚がわかる人が「空気を読める人」と呼ばれるようになるのではないでしょうか。

CHECK

今後は私的空間で、公私を切り替え、仕事をすることになる

7 オンラインは「情報のやりとり」が得意

「コミュニケーション」という言葉の語源は、ラテン語で「共有する」という意味をもつ「コミュニス（communis）」だといわれています。つまりコミュニケーションとは、人と人とが何かを共有するためにやりとりすることです。

オンラインで一番共有しやすいものは「情報」です。映像と音声で伝わる範囲の「情報」は、全て共有することができます。たとえば、商品説明や企画提案などに向いています。
一方、リアルで会うときに共有しやすいものが「感情」です。人と会って話したとき、話がワッと盛り上がったり、次々とアイディアがわいてきたり。そんな体験をしたことはありませんか。これは「感情」が刺激され起きていることです。

裏を返せば、オンラインでは、「感情」を共有することが難しいのです。
たとえば、オンライン飲み会では、ただ話しながら飲む、すなわち「情報」の共有だけでは限界を感じます。そのため、飲み会中はゲームが必須という声を聞きます。ゲームをすることで「楽しい」「面白い」「ハラハラする」などの「感情」を共有することを狙っているのでしょう。

これからは、「情報」を共有したいならオンライン。「感情」を共有したいならリアル。というように共有したい内容によって使い分けるケースが増えそうです。

さらに、この違いにより、人間関係は「オンラインの人」と「リアルの人」とに選別されるでしょう。

「オンラインの人」とは、実際に会わなくてもいい人です。つまり、相手とのコミュニケーションで「情報」しか提供できない人のことです。どんなに有益な情報を教えてくれる人であっても、時間とコストをかけてまで直接会いに行かなくても、オンラインで十分こと足ります。

一方、「リアルの人」とは、直接会って「情報」や「体験」を共有していくうちにお互いの「感情」がぶつかり合い、新しい化学反応が起きるような人のことです。コミュニケーションを取るうちに、どんどん新しいアイディアが生まれるような相手です。

人と人とがリアルで会う価値がここにあります。

オンライン時代に活躍するのは、こうしたリアルとオンラインとの違いを踏まえ、適切に使い分けるスキルを持っている人です。あらかじめ、オンラインでどんな「情報」を共有するか、リアルでどんな「感情」を共有するかの区別を考えておけば、効果的に使い分けながらコミュニケーションを取れるようになります。

普段、私たちは何気なく人とコミュニケーションを取っています。しかしそこには理論的な行動ルールがあると心理学では考えます。これを「ソーシャルスキル」と呼んでいます。

リアルとオンラインのソーシャルスキルは全くの別物です。オンラインにはオンラインのためのコミュニケーションの取り方があるのです。次章からはその具体的なコツをまとめてお伝えします。

CHECK

戦略的にリアルとオンラインとを使い分けよう

コラム 時間・空間の感覚が変わる

これまでも、インターネットを通じたオンラインコミュニケーションは存在していました。「コンピュータを介したコミュニケーション＝Computer Mediated Communication」は略してCMCと呼ばれています。電子メール、チャット、テレビ電話、SNSなどのことです。

新型コロナウィルス感染症の影響でリモートワークが増え、これまでのCMCだけでなく、ZoomやTeamsそして、Webexなどのシステムが身近なものになりました。オンラインコミュニケーションが、一部の進んだ人たちだけが使っている特別なものではなく、誰でも使っている一般的なものになったのです。

これにより私たちは「時間」と「空間」の制約から一気に解放されました。いつでも、どこからでもアクセスできるという便利さを手にしました。さらに、時間の短縮やお金の節約にもつながります。

今後は何時間もかけて現地に会いに行くという方法は、面倒で窮屈なものに感じられるでしょう。**オンラインでは、「時間」と「空間」の感覚がリアルとは違います。**

前述の日本労働組合総連合会の調査によると、テレワークのメリットとして「通勤がないため時間を有効に利用できる」と答えた人が最も多く7割を超えました。次いで、「自分の好きな時間に仕事をすることができる」、「好きな場所で仕事ができる」と、いずれも「時間」と「空間」の制限から自由になったことを評価する声です。

今までの世界では、たとえば午後1時から東京で開かれる会議と、午後3時から大阪で開かれる会議の両方に出席することは不可能でした。しかしオンラインなら、それが可能です。東京か大阪のどちらかにリアルで出席し、どちらかにオンラインで出席する。あるいは、東京でもない大阪でもない第3の都市、たとえば福岡にいながら、東京と大阪の両方の会議にオンラインで出席することもできます。

地方に本社があり、東京にも事務所を構えていたある法人のクライアントは、今後、東京事務所を撤退する予定とのこと。「いままで東京で行っていた打ち合わせは、オンラインで十分こと足りるから」というのがその理由です。まさに時間と空間の制約がなくなった例です。

一方、「時間」の感覚が変わったことで、リモートワークの「働きすぎ」という問題も指摘されています。同じ調査では、テレワークをした半数を超える人が「通常勤務よりも長時間労働になった」と答えています。テレワークのデメリットは、「勤務時間とそれ以外の時間の区別がつけづらい」が最も多い意見でした。

オンライン時代の新しい働き方の基準を設ける必要があるでしょう。

2章

「初歩の間違い」を正す！

オンラインでの「3つの原則」

1 これを知らないと評価を落とす

▼オンラインでは、伝え方のコツが変わる

オンラインで話すとき、誰もがやりがちなことがあります。たとえば、

・「あの〜」と声を出した後に手を挙げる
・画面に映った自分を見ながら話す
・画面の枠の中に自分の顔だけが映っている

これらはついやりがちなことばかり。しかし、オンラインでは間違いの典型です。
やり続けていると、必ずや評価を落とすでしょう。
では、どうすればいいのか?
オンラインで話すときに、**まず押さえておきたいのが次の「3つの原則」です。**

①オンラインでは「声より、アクションが先」
②オンラインでは「自分を見ない」
③オンラインでは「台形バスト・ショット」

リアルとオンラインでの伝え方は、違う点がいくつかあります。
その中でも、まずはこれら3つを知っておくだけで、オンラインでも自然なコミュニケーションが取れます。内容や自分の思いがしっかりと伝わります。では、具体的に見ていきましょう。

CHECK

オンラインならではのコツを知っておこう

2 「先に声を出す」は間違いです！

▼質問するときは、先に手を挙げる

もし、**本書のスキルの中でもとくに大事なものを挙げるとしたら、真っ先に「アクション・ファースト」を挙げます。**

文字通り、「アクションが先」というシンプルな法則です。

これを取り入れるだけで、「オンラインは伝わりづらい」という悩みは激減します。

たとえば、複数人でオンラインで話をしている場面をイメージしてください。誰かの発言を聞いて、あなたが質問をしたいとしましょう。

このとき、「質問いいですか？」と尋ねようとする。この時点でアウト。これはリアルでのやり方だからです。**オンラインでは、先に手を挙げてから「質問いいですか？」と尋ねる。これが正しいやり方です。**

▶アクション・ファーストとは

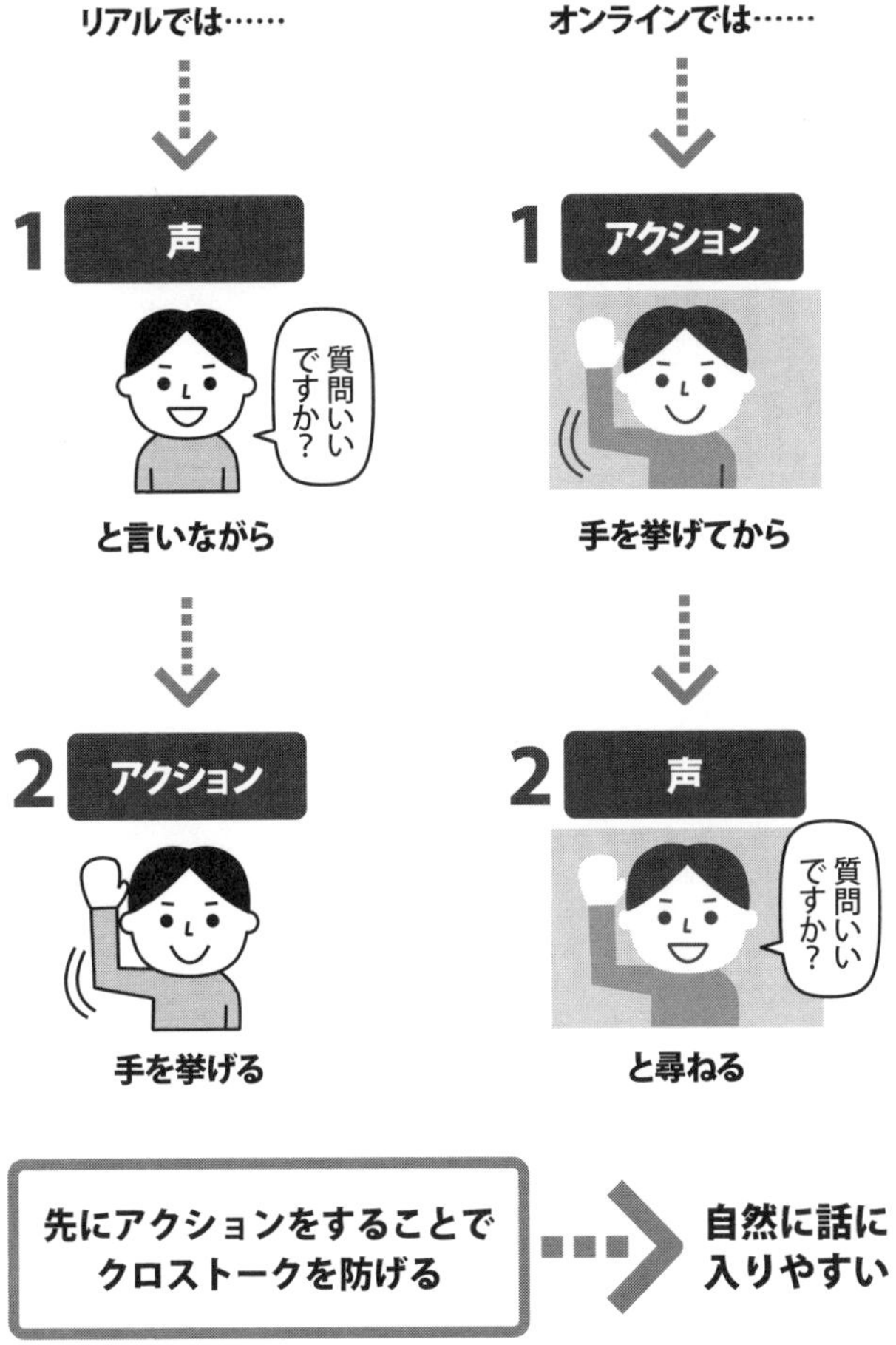
リアルでは……
1 声
質問いいですか?
と言いながら
2 アクション
手を挙げる
オンラインでは……
1 アクション
手を挙げてから
2 声
質問いいですか?
と尋ねる
先にアクションをすることでクロストークを防げる
自然に話に入りやすい

コミュニケーションを取るための「非言語表現」には、「音声表現」（声）と「身体表現」（アクション）があります。通常、私たちは「音声表現」をしてから、「身体表現」という順番で行います。

しかし、オンラインでは反対。「身体表現」（アクション）をしてから「音声表現」（声）となります。**つまり、声よりアクションが先。**

これにはいくつか理由があります。一つは声の重複を避けるためです。

複数人で話をしている場面で、あなたが「質問いいですか？」と声を出したとき、同時に他の人も話し出したら二人の声が重なってしまいます。これを「クロストーク」といいます。

オンラインでありがちな失敗例です。クロストークを避けようとして話に入るタイミングがつかめず、最後まで一言も話せなかったという悩みもよく聞きます。

そこで、発言したいときは、「アクション・ファースト」でまず手を挙げる。そのあとに、「質問いいですか？」と尋ねるわけです。

あるビジネスパーソンは、オンライン会議で意見を言うタイミングがつかめずにいたそうです。会議で一言も発言しない状態がしばらく続いていたところ、上司から「この前の会議、出席してた？」と確認されたとショックを受けていました。

そこで、「アクション・ファースト」を試していただいたところ、「自然に話に入り込み、発言することができた」とホッとしていました。

しかも、自分が議長として進行する際は、この法則を使って話すと、長く話す傾向がある人を制したり、意見を取りまとめたりするのがしやすかったと喜んでいました。

実は、リアルでも「アクション・ファースト」で話す人は、「本音を語っている」「嘘をついていない」という信頼感を与えます。リアルであってもオンラインであっても「アクション・ファースト」を心がけましょう。

CHECK

「アクション・ファースト」が何よりも大事！

3 画面に映った自分を見てはいけない

▼オンラインでは「カメラ目線」

オンラインで伝えるときに、間違いやすいのが「目線」です。

ある政治家の記者会見を映像で見た人たちが、ネット上に、

「全然伝わらない」

「この人は誰に向かって会見しているのだろう」

「国民に向かって話をするなら、カメラに向かって話をしてほしい」

などと不満を書き込んでいたことがありました。

この原因は「目線」にあります。その政治家は会見に集まった多勢の記者とアイコンタクトを取りながら話をしていました。

しかし、**映像を見ている視聴者とアイコンタクトを取るには、このときカメラ目線で話すべきだったのです。**

▼目線には３つのポイントがある

オンラインで相手とアイコンタクトを取るためには、リアルとは全く違うルールが働きます。慣れるまでは違和感をもつかもしれない〝不自然な目線〟がオンラインでは正解です。オンラインでの目線で大事なことは、

①自分を見ない
②強調するときはレンズを見る
③たまには外す

という3つです。では、一つずつ説明します。

①画面に映った自分を見ない

つい、画面を自分の映り具合を確認する鏡にしていませんか。そんな姿が映し出されると真剣に話を聞いていないように誤解されかねません。

画面に映った自分を見ないこと。なぜなら、つい無意識でやってしまう人が多いからです。**特に気をつけたいのはオンラインにつながった瞬間。**

事前に映り具合を確認する、または自分の画像は消して参加すると、この無意識の

▶やりがちなミスとは？

画面を鏡がわりにして自分を見てしまう ■■■> 相手から見ると、話を真剣に聞いていないように。

無意識のうちに、髪を整えるというミスもしがち。

動作を防ぐことができます。

では、自分を見ないでどこを見るのか？

それは、リアルと同じく「相手を見る」が基本です。**相手を見るときに自然なアイコンタクトが取れるように2つの環境を整えましょう。**

環境を整えることで違和感が緩和されます。

〈目線環境1〉角度は95度

ノートパソコンやスマートフォンなどの内蔵カメラを使う場合、本体の角度や傾きを調整することが大事です。傾きすぎていると、相手を上から見下しているように映ったり、二重あごになり鼻の穴が目立ったりと良いことはありません。**ラップトップパソコンの場合、理想の角度は95度。**外付けカメラやスマートフォンを三脚などで固定するときも、この角度を目安にしましょう。

〈目線環境2〉ウィンドウを内蔵カメラの近くに

相手の顔が映っている四角の枠（ウィンドウ）を、自分を撮っている内蔵カメラのレンズ近くに配置しましょう。目線が自然になり、自分も疲れないベストポジションです。

商業用のテレビ会議サービスが開始されたのは１９８４年。これに向けてテレビ電話でのコミュニケーションについて研究されてきました。

このなかで相手の画像と自分を映すカメラとの距離を近づけたほうが、よりリアルに近いコミュニケーションが取れることが実験によって証明されています。

私たちがオンラインを使うときも、相手の顔が映る枠はカメラレンズの近くに移動させましょう。また、相手の画像を見る場合、その大きさも重要です。相手の顔を実物大に近い大きさで映すほうが自然な目線になることが報告されています。スマートフォンではなくパソコンを使う。**使用するディスプレイをできるだけ大きくするなど、相手をより大きく映しましょう。**

② 強調するときはレンズを見る

基本は、画面に映った相手を見ながら話す。そして、**特に大事な部分ではカメラのレンズを見て話しましょう。**実は、オンラインでは相手の顔を見ながら話すだけでは不十分。相手から見ると、あなたは少し違うところを見ているように映ってしまうからです。

しかし、相手の顔をまったく見ずにレンズだけを見ながら話すのは違和感がありますよね。そこで、強調したいところだけでもレンズを見るようにし

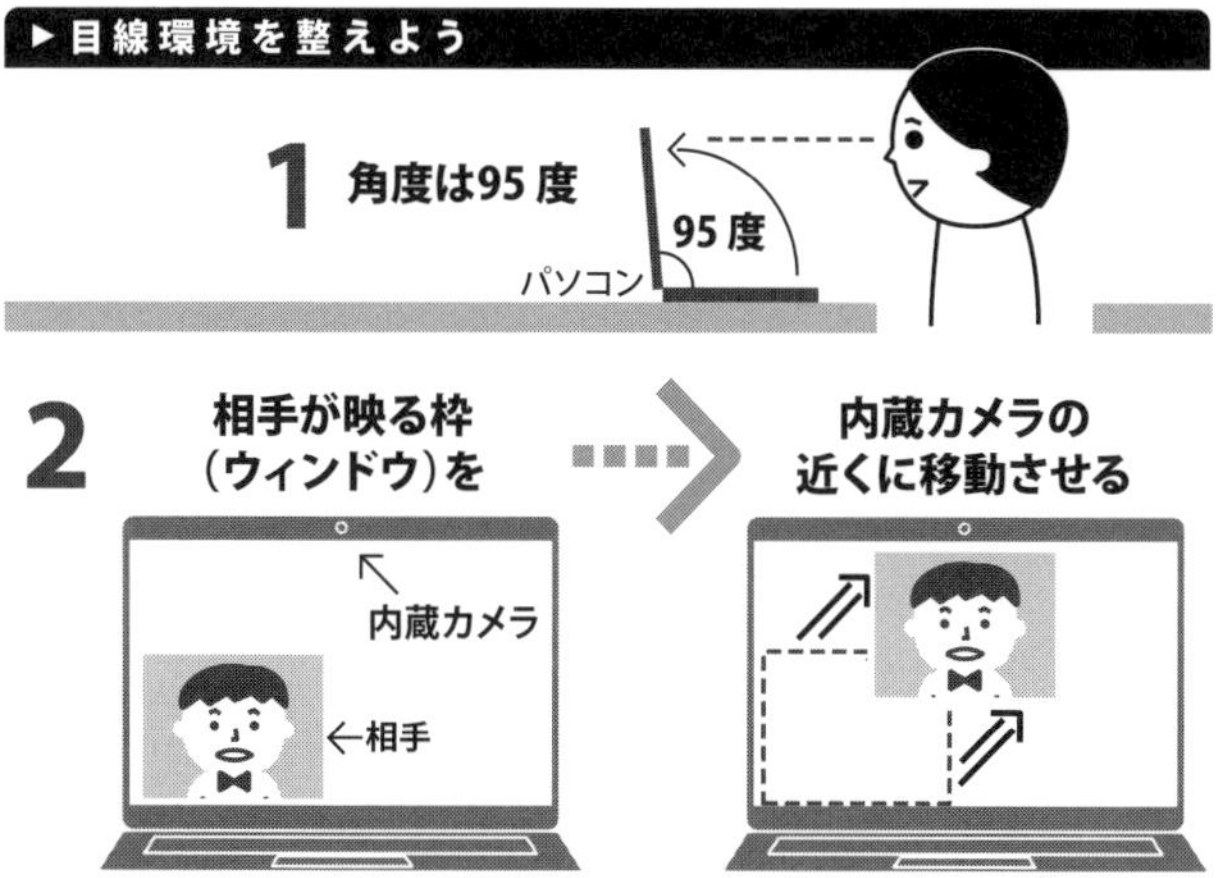
▶目線環境を整えよう
1 角度は95度
95度
パソコン
2 相手が映る枠（ウィンドウ）を
内蔵カメラの近くに移動させる
内蔵カメラ
←相手

ましょう。

また、**相手の話を聞いているときもレンズを見ながら聞く。するとと、「しっかり聞いている」という印象を与えます。**

まずは、パソコンやスマートフォンなどのカメラレンズの位置を確認します。黒くて丸いレンズの場所を探してください。見つけたら、そのレンズをまっすぐ見据えます。そして、より自然にカメラ目線でコミュニケーションを取るために、以下2つを試してみてください。

〈1〉レンズの中を見る

丸いカメラレンズの中でも、「上の部分」を見るようにしましょう。

あるいはレンズの中に相手がいる、と思ってじっとレンズの奥を覗き込むように見つめてください。

レンズの表面ではなく、その15センチほど先に焦点を合わせます。カメラの向こう

▶「カメラ目線」の方法

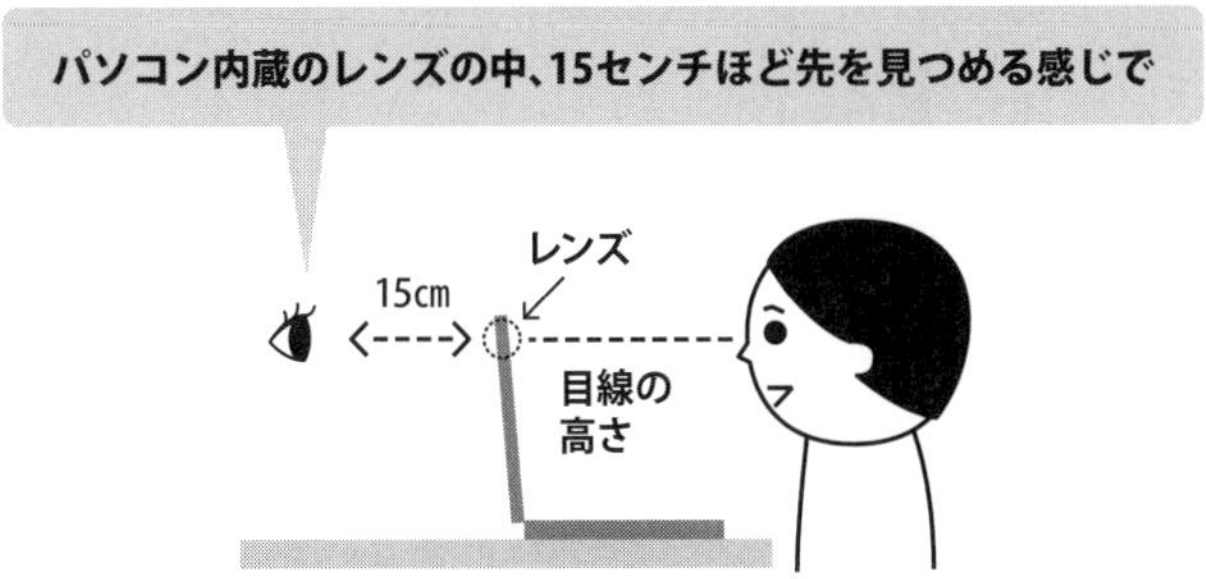
パソコン内蔵のレンズの中、15センチほど先を見つめる感じで
レンズ
15cm
目線の高さ

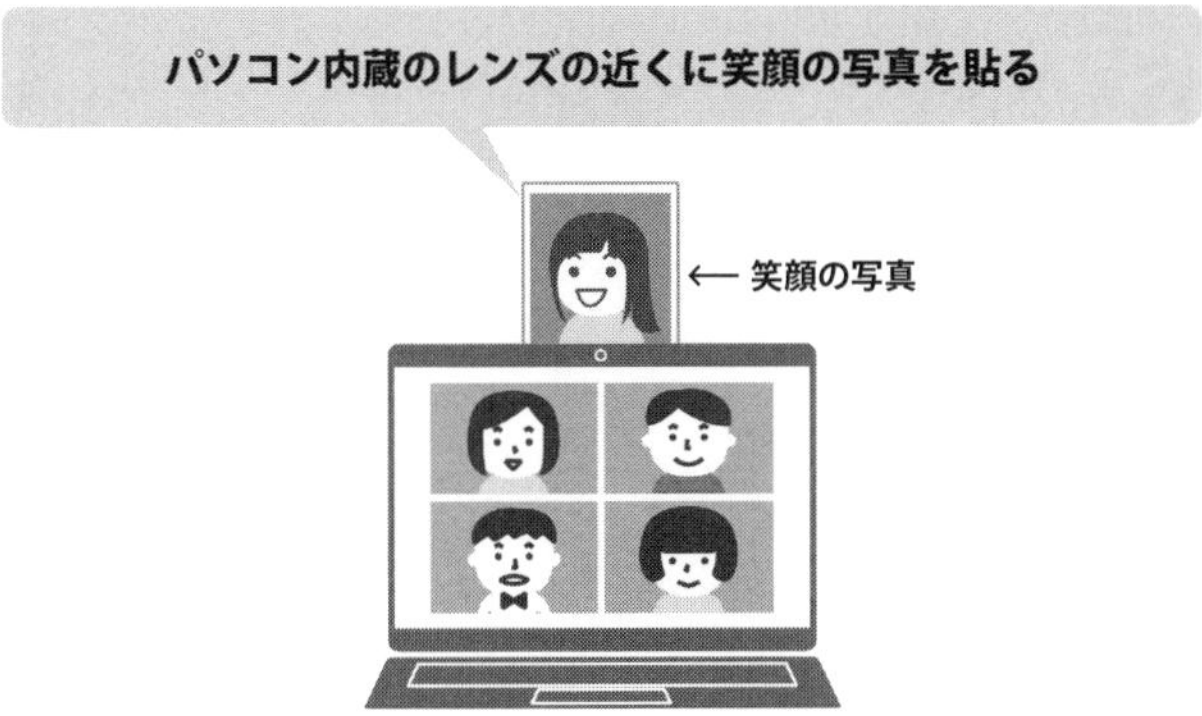
パソコン内蔵のレンズの近くに笑顔の写真を貼る
← 笑顔の写真

たまには視線を外す

強調したいときは「カメラ目線」にする

にいる一人一人に語りかけることを意識しながら話します。これは、放送局のアナウンサーがカメラ目線で話せるようになるために訓練する方法です。続けるうちに徐々に自然なカメラ目線ができるようになります。

〈2〉笑顔の写真を貼る

人間には、他人の行動を見ると自分自身も同じ行動をとっているかのように反応をするという神経細胞「ミラーニューロン」が備わっています。この働きにより、無意識に目の前の出来事を真似たり共感したりします。その力を使いましょう。

まず、カメラレンズの近くに笑顔の写真を貼ります。すると意識しなくても、あなたも笑顔になれます。「見ると自然と笑顔になる写真」を貼ってください。家族や友人、憧れの人、ペットの写真など何でもかまいません。

ある猫好きの方は、猫が笑っているように見える写真を貼っていました。

このように、見るとつられて自分も笑顔になる写真を用意しましょう。写真がないときは付箋にと目鼻口を書いた紙を貼るだけでも違います。目の前には相手がいなくても、カメラ目線で自然な笑顔になれる効果的な方法です。

③たまには視線を外す

リアルでの会話中も、相手はあなたをずっとは見ていません。下を向いてスマートフォンをいじっていたり、手元の資料を見ていたり。ずっと目線が合っていると睨まれているようで、かえって不自然です。

目安として、会話のうち60％程度という基準値が研究結果をもとに設定されています。日本人は目線を合わせる頻度を抑えようとする傾向があります。**そのため相手**

を見たりレンズを見る時間と、見ない時間の割合はおよそ半分を目指すと良いでしょう。

なお、目線を外すときのポイントは、その目線の先にあるものが画面に映るようにすることです。あなたは手元の資料を見ていただけでも、その資料が相手に見えていなかったら、ただ下を向いているだけの失礼な人になってしまうからです（資料の持ち方は160ページ参照）。

CHECK

自分ではなく「相手を見る」

4 「こけし」の状態で映るとマズい

▼適切な距離感とは？

オンラインで相手に話しづらいと感じさせる原因は、自分が映るサイズを間違っていることが多いものです。自分を大きく映しすぎていると、相手は話していて圧迫感を覚え、オンラインから早く退出したくなってしまいます。反対に、自分を小さく映しすぎていると、相手はあなたの反応を読み取ろうと、より集中力を使わなければならず疲れます。

オンラインで「自分が映るサイズ」は、リアルでは相手との距離感にあたります。

リアルでは、相手との物理的な距離において心地よいちょうどよい距離というものがあります。「パーソナルスペース」と呼ばれるものです。アメリカ人の文化人類学者エドワード・ホールは、パーソナルスペースを「密接距離（0センチ～45センチ）」「個体距離（45センチ～1・2メートル）」「社会距離（1・2メートル～3・5メートル）」「公衆距離（3・5メートル以上）」の4つに分類しました。新型コロナ感染症対策で聞くことが多くなった「ソーシャルディスタンス」は「社会距離」にあたります。

リアルで実際に会って話す場面では、このパーソナルスペースを読み間違えて近づきすぎると、相手に違和感や警戒心を与えコミュニケーションをうまく取ることができません。オンラインで自分を大きく映しすぎているのは、これと同じ状態なのです。コミュニケーションの基本は「社会距離」です。オンラインでもこの距離に見えるサイズに自分を映しましょう。具体的にはテレビニュースのアナウンサーを見本にしてください。**いわゆる「バスト・ショット」と言われる胸の辺りまでが映るサイズです。**

▶適切なサイズとは？

○ 台形バスト・ショットが基本

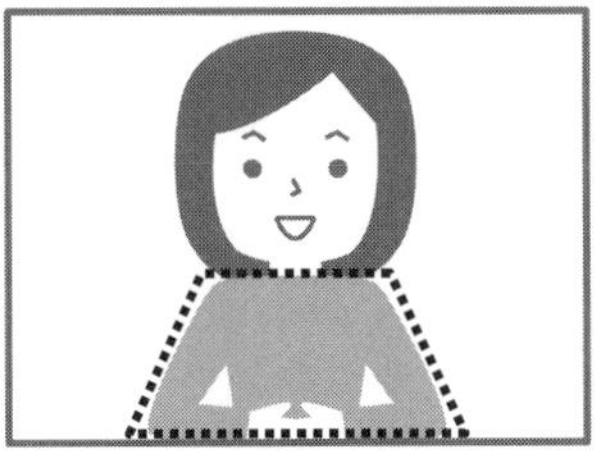

画面の上部をほどよく開け、肘を張って台形になるように映る

× アップが大きすぎ

バスト・ショットが長方形で、「こけし」に見える

× 小さすぎる

全体的にスカスカで机も映り込みすぎる

▼台形バスト・ショットにする

さらに、自分の上半身を台形になるように映しましょう。

オンラインで自分が映るサイズは「台形バスト・ショット」が正解です。

「台形バスト・ショット」は、次の手順で簡単に作れます。

①机の上に手を置き、肘を張る
②画面枠の上は、頭の上にスペースを少し入れる
③画面枠の下は、肘のあたりに合わせ身体を台形にする

もしも①を省略し、肘を張らないと上半身が長方形になってしまいます。

私はこの長方形の上半身を「こけし」と呼んでいます。オンラインでは「こけし」は間違い。「こけし」の状態は、相手から見ると受け身で積極性がないように見えて

しまうからです。

テレビ番組でもＮＨＫ『日曜討論』など複数人のゲストが並んで座るセットでは「台形バスト・ショット」の人と「こけし」の人とでは違いが一目瞭然。「台形バスト・ショット」の人は堂々と自信をもって発言しています。一方、「こけし」の人はせっかく良い発言をしていても自信がなさそうに伝わります。

あなたもオンラインで「こけし」にならないようにくれぐれもご注意ください。

CHECK

自分が映るときは、「台形バスト・ショット」が正解

5 人気YouTuberの動画はスキルの宝庫！

▼高いテンションで反応が大きい中田敦彦さん

人気YouTuberの動画を見るほど、オンラインでの伝え方を学ぶのに良い教材はありません。本書で紹介しているスキルの手本の宝庫です。

たとえば、「教育系YouTuber」として大人気のお笑いコンビ・オリエンタルラジオの中田敦彦さん。中田さんは、表情やジェスチャー、ポスチャー（姿勢）の**「アクション・ファースト」（58ページ）**が特徴です。

番組冒頭、身体を低く構えて左手をグッと突き出しながら画面に飛び出してから（アクション）、「どーも、中田敦彦です」と高めの声で早口に叫びます。

後ろにあるホワイトボードの前で、書いてある文字を腕全体で示したかと思えば、

中田敦彦さんのYouTube大学

画面アップで顔が迫ってくる。目を閉じながら小さな優しい声でゆっくり話したかと思えば、目を見開きながら大きな声で早口に何度も繰り返す。右を向いたり、左を向いたり。前に行ったり、後ろに行ったり。手を広げたり、閉じたり。四角い枠の中で、早いテンポで前後左右ぎりぎりまで移動しながら様々な話題を伝えます。

私たちはその姿に引き込まれ、目が離せません。さすがお笑いタレント、ともいえるこうしたアクション と表情、声の変化は、**「3倍の反応」**（１０３ページ）以上の高いテンションです。

しかし実は、YouTubeを始めたばかりのころは、低いテンションで、ゆっくりと話し、照明も暗かった、とご自身が動画の中で振り返っています。1年かけて、オンラインに合わせた良い伝え方に更新した結果、今のスタイルになったそうです。

プロが時間をかけて作り上げた完成されたスタイルを、私たちが取り入れない手はないですね。

なお、中田敦彦さんと次に紹介するマコなり社長さんの伝え方の一部を表にまとめました（81ページ・83ページ）。左側が話した言葉（言語表現）、右側がアクションやジェスチャー、瞬きなど（非言語表現）です。参考にしてください。

▼台形バスト・ショットで「あなた」と呼びかけるマコなり社長さん

一方、対照的なのは、「経営者YouTuber」として大人気のマコなり社長こと株式会社div代表取締役の真子就有さん。真子さんは、**「台形バスト・ショット」（76ページ）**で、座って落ち着いてゆっくりとした口調で話します。

中田敦彦さんのYouTube大学(2020/4/26)から

経過時間	言語表現	非言語表現
0:00:00	「どうも、中田敦彦です」	・正面向きの直立スタート。カメラ目線 ・身体を低く構えて前に乗り出しながら、左手を前に突き出し振り下ろす
0:00:01	「さぁ、今日も早速まいりましょう」	・「さぁ」で、左手人差し指を振り挙げる ・「まいりましょう」で、横向きに姿勢を変え目線を外す。こぶしで手のひらを叩き音を立てる
0:00:03	「エクストリーム現代社会」	・画面に「エクストリーム現代社会」の文字。文字が出る同タイミングで右手をまっすぐ前に伸ばす
0:00:04	「伝え方が9割編」	・正面に向き直り、カメラ目線 ・「編」で、「へーーん」と音を伸ばし叫びながら、右手のこぶしを振り挙げる ・歯が見える状態まで口を大きく開け、眉間に皺を寄せながら叫ぶ
0:00:08	「使えるよ」	・両手を横に広げながら、前に飛び出す
0:00:09	「よろしくお願いします」	・一礼する
0:00:10	「さぁ、やってまいりました」	・「さぁ」で、こぶしで手のひらを叩き音を立てる ・「やってまいりました」で左手を挙げながら、横向きに姿勢を変え目線を外す
0:00:11	「伝え方が9割」	・言いながら本を取りに左側に2歩、歩く ・3回右手を振る
0:00:13	「この本を書店で見たことがあるよ、っていう方多いと思います」	・「この」で右手で本を取り、正面に向き直りカメラ目線。元の立ち位置に一気に戻る ・本を左手に持ち替え、「見たこと」で画面にまっすぐに突き出す
0:00:17	「めちゃくちゃ売れてるんですね」	・身体を後ろに戻す ・本を両手で持ちながら、表紙を正面に見せる ・目線は本を見る
0:00:19	「100万部近く売れている、この大ベストセラーで」	・一度カメラ目線後、再度、本を見る
0:00:22	「まぁ何年たってもですね、もう、ほんと上位のランキングから外れないというですね、本なんですねぇ」	・本を開きパラパラとめくる ・目線は本を見る

ポイント

※ジャスチャーが多い
【アクション・ファースト】
※高いテンション【3倍の反応】
※話す速度のメリハリ【3倍の反応】
※声の大小、高低差【3倍の反応】
※前後、左右に動く【3倍の反応】
※カメラ目線も、たまに外す【カメラ目線】

マコなり社長さんのYouTube

強調したいポイントで、右手、左手、たまには両手と順番に手が挙がるため、決して「こけし」にはなりません。

そして、なんといっても印象的なのはカメラ目線。**「15センチ奥を見るカメラ目線」（68ページ）**が絶妙です。じっとこちらを見る強いアイコンタクト。さらに、瞬きが少ないのも特徴です。編集されている部分もありますが、長いときは30秒以上、瞬きをしません。

心理学の実験では、1分あたり9回以下の瞬きの人を「瞬きが少ない」と感じることが報告されています。真子さんは、6倍長いアイコンタクトともいえます。さらに、瞬きの

マコなり社長さんの YouTube(2020/9/18) から

経過時間	言語表現	非言語表現
00:00:00	「でも難しいことだからこそ何度でも私は伝えたい！」	・正面向きのカメラ目線、台形バスト・ショットで座る ・「だからこそ」でうなずく ・「何度でも」で左手を上げる ・目を見開きカメラの奥を見て、「私は」で瞬き
00:00:04	「どんな絶望のなかでも人は勇気を出して『自分の人生は最高だ』と決めることができる」	・「絶望の」「勇気を」「最高だ」で左手を挙げる ・「できる」で左手のこぶしを挙げる ・カメラの奥を見て、「なかでも」「決めること」で瞬き
00:00:10	「ありのままの自分を愛す勇気を持つことができる！ と」	・「自分を」「できる！ と」で左手のこぶしを挙げる ・「持つことができる」で連続の瞬き
00:00:14	「どんなに辛い過去も、報われない現在も、今のあなたの勇気１つで全て変わるんです」	・「どんなに」「あなたの」「１つで」で左手を挙げる ・カメラの奥を見て、「現在も」「１つで」で瞬き ・「全て」で左手を水平に振る ・「どんなに」で身体を前傾に乗り出す
00:00:19	「私は自分の人生を最高だと思っています」	・「自分の」で左手を胸に当てる ・カメラの奥を見て、「最高だ」で瞬き
00:00:22	「生まれ直しても、まったく同じ人生をたどって今日まで来たい」	・「生まれ直し」で左手を前に戻す ・「まったく同じ」で右手を水平に振る ・「たどって」で右手を、「今日まで」で左手を挙げる ・カメラの奥を見て、「今日まで」で瞬き
00:00:26	「明日死んでも何の悔いもありません」	・「明日」「何の」でうなずく ・「何の」で目を閉じる
00:00:28	「そして私と同じくらい、**あなたの**人生も最高なんです」	・「そして」で瞬き ・「私と」で左手を胸に当てる ・「あなたの」で大きくうなずき、左手を画面の前に突き出す ・カメラの奥を見て、「最高に」で瞬き
00:00:33	「最高に幸せじゃない人なんてこの世界にはいないんです」	・「最高に幸せ」で右手を上げ、振る ・「この世界には」で右手を水平に振り、瞬き
00:00:36	「どうかそのことを忘れないでください」	・「どうか」で目を細める ・「忘れないで」でうなずく

ポイント

※正面向きに座る【台形バスト・ショット】
※話しながら手を挙げる【「こけし」にならない】
※背景は白一色【背景セット】
※カメラ目線で瞬きが少ない【カメラ目線】
※ゆっくりとした口調【3 倍の反応】
※「あなた」と呼びかける【個別性】

少ない人は「活動性」と「誠実性」を感じるとされています。まさに真子さんのイメージそのものですね。

さらに、そのカメラ目線で、**「あなた」と呼びかけます（41ページ）**。動画を見ている人は、「マコなり社長が、他の誰でもなく自分に語り掛けている」と感じ、一気に信頼し、ファンになるでしょう。

また、堀江貴文さんとの対談では、堀江さんの背景の色は青、マコなり社長さんの背景の色は白と、それぞれの背景が四角い枠になるよう色分けされていました。お二人それぞれが人気 YouTuber であるという世界観を四角に色分けすることで表現した**背景セット（１１９ページ）と言えるでしょう。**

私たちがオンラインを使うとき、自分が映っている四角い枠は、YouTube 動画の画面と同じようなもの。

自分の好きなYouTuberは、オンラインの伝え方においてどこがうまいのか？

本書で紹介しているどのスキルを使っているのか？

YouTube動画を、ただ見るだけでなく、そういう視点でも見てみると楽しみながら勉強することができますよ。

CHECK

YouTubeのスキルはオンラインコミュニケーションでも使える！

コラム なぜオンラインは疲れるのか？

オンライン疲れは「身体的疲労」と「脳疲労」にわかれます。「身体的疲労」の原因は長時間画面を見続けることです。目が疲れたり、肩が凝ったりします。

一方、「脳疲労」の原因は不慣れなことや通信トラブルによるストレスだけではありません。心理学分野でもさまざまな報告がなされています。

米ウィスコンシン大学の心理学教授、ポーラ・ニーデンタール氏は、オンラインで「時差があったり、表情がフリーズしたり、ずれが生じたりするとき、**人は自分の予測が間違っていて、それを修正しなくてはいけないと認識」し努力するため疲れてしまうと指摘しています。**また、複数の人の表情・声・ジェスチャーなどの情報を一気に処理することが脳が疲労する原因だという報告や、多くの参加者の顔が映る画面を見ると、脳がそれぞれの人と見つめ合っているかのように認識するからだと指摘する専門家もいます。

疲れを感じやすいオンラインだからこそ、本書でお伝えする方法で、短時間で、より効果的に伝えることが必要なのです。

3章

ダンゼン生産性が上がる

「映像ありき」は間違いです！

1 つねに「映像あり」だと生産性が落ちる

▼「新常識」を踏まえて対処する

オンラインでのコミュニケーションが増え始めたばかりの頃は、誰もがその操作に慣れることだけで精一杯でした。しかし、**ある程度オンラインの操作そのものに慣れてきた後は、どこで結果に差がつくのか？**

それが、**オンラインでの伝え方という「新常識」を知っているかいないかです。**

これは、オンラインのデメリットを回避し、メリットを最大限活用する方法です。

オンラインを活用するなかで見えてきた正解を知らずに、リアルと変わらないやり方を続けていませんか？　自分独自のやり方に固執していませんか？

そのままでは、いずれ評価を落としかねません。

一刻も早くオンラインでの伝え方の「新常識」を知り、実践していきましょう。

▼無駄なオンライン機能は控える

オンラインはリアルと違って「疲れる」という声をよく聞きます。オンラインでミーティングをすると疲れるという意味の「Zoom疲れ」という言葉も出てきました。

Web会議を行ったことのある会社員を対象にした意識調査では、「実際に対面式の会議をするよりWeb会議の方が気を使うし、疲れる」と、50％を超える過半数が回答しています。

疲れる原因として、米ノーフォーク州立大学のサイバー心理学准教授アンドリュー・フランクリン氏は、リアルで相手の表情や雰囲気などの非言語的な手がかりに強く依存している人にとって、オンラインでは非言語情報を見られないということが大きな消耗につながると指摘しています（その他の原因諸説はコラム86ページ参照）。

疲弊している相手にいくら伝えようとしても効率が悪いもの。そこでオンラインで

は、できるだけ相手を疲れさせない伝え方をするのが正解です。生産性が上がる方法でオンラインを活用しないと意味がありません。

よって、無駄にオンラインの機能を使うのは間違いです。

たとえば、映像。必要以上に映像をつないでいませんか？

その要件は電話で十分ではありませんか？

もしかしたら、リモートワーク中きちんと仕事をしているか確認する目的で、映像を映すように指示していませんか？

オンラインで上司が部下に顔を見せるよう無理強いするのは、オンライン時代のパワハラです。オンラインでは、これまで以上に監視するリーダーは嫌われます。

CHECK

監視目的で、映像ONを強要しないこと

2 「音声のみ」で良いときは？

▼音声のみが増えている理由

「オンラインは疲れる」というオンラインのデメリットを回避する現実的な活用法は音声のみにすることとです。

必要以上に映像をつなぐなといっても、相手の顔が見えたほうがコミュニケーションが取りやすく、伝わりやすいという方も多いでしょう。しかし、それは勘違いである可能性がわかってきました。

ある心理学の研究では、オンラインにおいて「相手の顔が見えないほうが情報が正確に伝わる」ことが報告されています。

また、「相手の表情が見える状況」と「見えない状況」で相手の嘘を正確に見抜けるかどうか比較したところ、どちらも同じだったという実験結果もあります。

その理由は、情報量が限られているオンラインのほうが集中できるからです。

リアルでは、相手の話を聞くときに発言内容だけでなく非言語にも注意を払いつつ、自分も相づちを打つ。というようにいくつもの作業を同時に行います。

これは、脳内がとても忙しい状況で、「相手の発言に集中できていない」とされています。

さらに、話し手は相手の顔が見えているほうが情報が正確に伝わったと感じる、ということも実験によって明らかになりました。

つまり、相手の映像が見えたほうがコミュニケーションが取りやすい、というのは話し手の単なる自己満足だった、ともいえるわけです。

こうした背景を受けて、オンラインで映像と音声の両方が使える状態であっても、音声のみを使用してコミュニケーションを取るケースが増えています。

▼疲労を緩和する工夫

映像ありきは、疲労の元。その疲れを軽減する解決策を２つご紹介します。

▶疲労を緩和する工夫

解決策 1 ＞ 映像枠の数を減らす

〈Zoomの場合〉

「ギャラリービュー」と「スピーカービュー」を使い分ける

- 「ギャラリービュー」…… 参加者全員が小さな枠で表示される。
  画像数が多く脳が疲れやすい

- 「スピーカービュー」…… 話している人だけが大きく表示される

会議での使い分け例▶ 最初は「ギャラリービュー」

→報告時は………… プレゼンターだけ映す「スピーカービュー」

→質疑応答は………… 「ギャラリービュー」に戻す

解決策 2 ＞ 映像を消して、たまには音声のみにする

- 「情報共有」や「議論」を目的とする会議や打ち合わせ等では、音声のみでも可能

  ただし、初対面でのミーティングや、会議の〈最初と最後〉〈質疑応答〉時には、映像が必要

【解決策1】映像枠の数を減らす

見ている画面から人が映っている四角い枠の数を少なくするだけでも、疲れが軽減されます。たとえば、Zoom の場合、画面表示方法には「ギャラリービュー」と「スピーカービュー」の2種類があります。

「ギャラリービュー」は参加者全員が小さな枠で表示される設定。「スピーカービュー」は話している人だけが大きく表示される設定です。画面数が多い「ギャラリービュー」は脳が疲れやすいといわれています。オンライン疲れを少なくするためには、両者を状況に合わせて使い分けましょう。

使い分けの目安として、「スピーカービュー」は、話している人に注目してほしいときに使います。リアルであれば、一人の話し手が前に出て話すのを聞いているのと近い感覚です。たとえば、セミナーに参加しているときは講師を会議に出席しているときはプレゼンターを大きく表示します。

一方、「ギャラリービュー」は、全員の顔を見たいときに使います。

会議や飲み会など、参加者全体を把握したいときです。

1回のオンラインのなかで、最初に「ギャラリービュー」で全員を見せる。本題では話し手だけの「スピーカービュー」にする。意見交換や質疑応答などは再び「ギャラリービュー」に戻すなど設定を切り替えるのも効果的です。

表示方法の切り替えは参加者が簡単に変更できます。開始時に映像の切り替えをするよう指示しておきましょう。

【解決策2】映像を消して、たまには音声のみにする

心理学の研究では、自分を映すカメラをオンにして「人に見られている状態」が続くとマイナスに働くことが報告されています。自分が全員から見られていることを意識すると、まるでリアルのステージの上に立っている状態と同じように感じ「上手くやらなければ」というプレッシャーを感じやすいというのです。つまり、映像が映っている間ずっと、映っている人は緊張状態なのです。それでは、疲れてしまいますね。

たまには映像を消して音声のみにしましょう。そうすることで、脳の疲れが和らぎ、話の内容に集中することができます。

▼「音声のみ」で良い場面

オンラインで音声のみで使用する場合、2つのケースが考えられます。

ケース①必要なときだけ映像あり。その他は音声のみ

音声だけでなく映像もあったほうが良いときもあります。たとえば次のようなときです。

〈初対面〉

リアルで会ったことがない相手なのに視覚情報がないのは、最初の信頼関係を築く

ことができません。顔がわからない相手とは話しづらいもの。初対面にもかかわらずどうしても映像が出せない場合は、自分の写真をアイコンとして設定し、自分の姿を見せましょう。相手は写真に向かって話すので違和感が少なくなります。

〈最初と最後〉

オンラインの「最初」にみんなが集まり顔ぶれを確認するとき、そして「最後」に解散するとき。この「最初と最後」だけ映像を映します。途中は音声だけにします。

〈質疑応答〉

進行役と発表者・講師など話し手だけ顔を出す。その他の参加者は映像を消し、質問のときだけ顔を出す。または、各自、作業するときやワーク中だけでも参加者の映像を消す。ほんの少しの時間でも映像を消すだけで疲労を軽減できます。

ケース②ずっと音声のみ

終始、音声だけでいいのか、映像も必要なのかは、オンラインでつながる目的によって判断しましょう。一例を紹介します。

〈音声のみ〉　形式…会議や打ち合わせ、セミナーなど
目的…情報共有、議論

〈音声と映像〉　形式…交流、雑談、飲み会など
目的…人間関係構築

このように形式と目的に応じて使い分けることで、疲れを軽減しながらオンラインを上手に活用することができます。

▼映像ＯＦＦの頼み方

映像を消したいけれど頼みづらいということも多いでしょう。次のように、環境を理由にすると角が立ちにくくなります。

「ネット環境が安定していない場所なので、負荷を減らすために音声だけでお願いできますか？」

「途中で途切れて聞き取りづらいみたいなので、ここからは映像を消して音声だけにさせていただいていいですか？」

「いま移動中で歩いているので、音声だけでもいいですか？」

間違っても「疲れたので音声だけでいいですか？」と正直に言いすぎないようにしましょう。

CHECK

形式と目的に応じて、「音声のみ」も選択できる

3 チームワーク力が上がる秘策！

▼同時に別オンラインもつなげる

前述の調査では、Web会議の方が疲れる理由として、「事前に社内でのすり合わせ、相談がしにくいから（25・4％）」という回答が上がっています。

オンラインでは、リアルでは出来ていた阿吽の呼吸によるチームワークが取りづらいのが難点です。でも安心してください。解決策があります。

名づけて「オンライン二刀流」！

メインで使用しているオンラインシステムとは別に、必要なメンバーと他のオンラインでも同時につながっておく方法です。

たとえば、会議でTeamsやZoomを使用していたとしたら、別にLINEやメッセンジャーグループでつなげておきます。主催者の場合は、事務局担当者だけで別のオ

ンラインをつなぐと進行がスムーズです。その他、途中でちょっとした打ち合わせをしたい相手、または、友達とつながっておくのも良いですね。「今の話、面白いね」など、リアルのおしゃべり感覚で楽しめます。

あるクライアントは、取引先との打ち合わせで同じ社内のメンバーと「オンライン二刀流」を使い、チームワークを取ることに成功したそうです。

オンライン会議はTeamsを使って行われました。全員が各自のノートパソコンから参加。それとは別に、社内メンバーはスマートフォンのLINEでもつなげたそうです。TeamsとLINEの「オンライン二刀流」です。打ち合わせ中に、取引先から簡単に返事ができない要求が出されました。どう回答するのかについて相談しながら慎重に対応する必要がありました。

そのとき、上司からLINEで、

「〇〇の資料を出すから説明して」

「一度持ち帰ると言って」

などと随時指示がきたため、共通理解のもとスムーズに進めることができたそうです。

このように「オンライン二刀流」を取り入れると、オンラインでもチームワークを取ることが可能です。リアルでは出来ないオンラインならではの秘策です。

CHECK

「オンライン二刀流」で、メンバーとの意思疎通がスムーズになる

4 「反応3倍」で伝える力がUPする！

▼反応は3倍大きく

私たちは、相手の反応を見ながら話したり伝えたりしています。

しかし、オンラインではリアルと違ってこの互いの反応が読み取りづらくなります。

そのため、リアルで対面しているとき以上に、反応を大きくしましょう。

はっきりと話す、声を張る、表情豊かに話すなど、いつもより反応を大きく、丁寧にするのです。大げさにしたくらいで普通です。

目安として「普段の3倍」を目指しましょう。

「3倍？　そんなに？」と驚かれたかもしれません。しかし、一度、自分の話しているところを録画してみてください。3倍くらいのつもりで大げさに反応しても、実際は丁度良いぐらいに感じられるでしょう。

▶声と表情を「普段の3倍」に

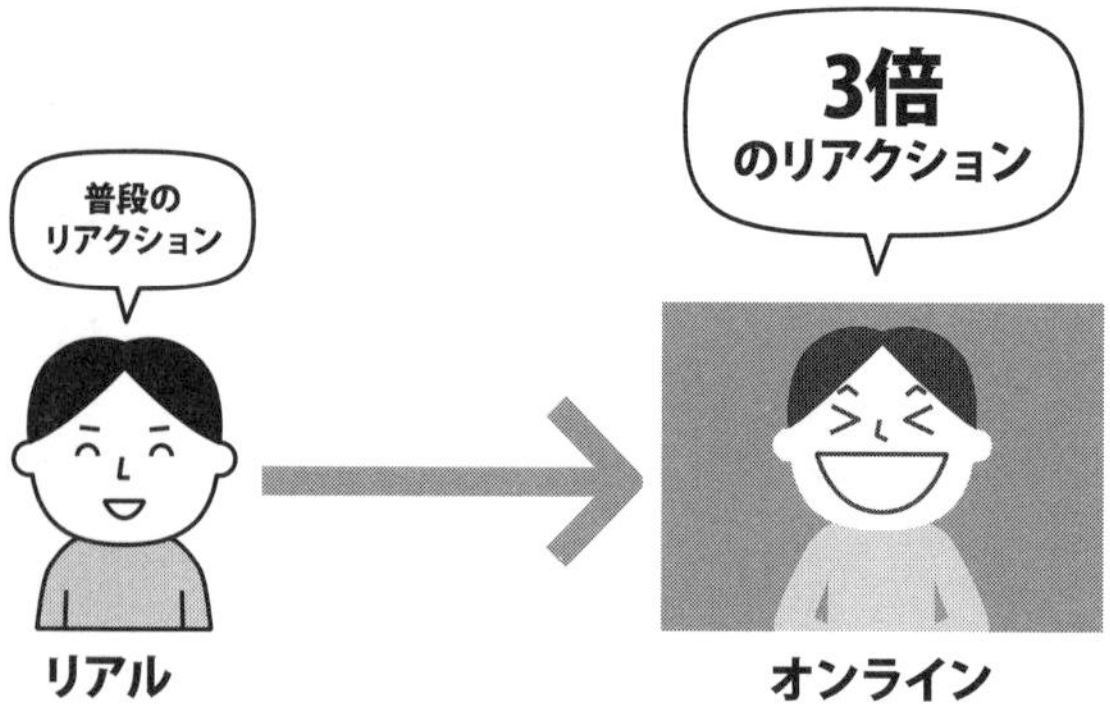

たとえば表情。自分では笑顔のつもりでも、相手には無表情に見えていたり、自分では思いっきり笑ったつもりでも、相手には微笑程度にしか見えていなかったりします。

そのため、自分では大げさなくらいの笑顔、すなわち普段の3倍ぐらいの笑顔でちょうど良いのです。

オンラインは、自分が映る四角に区切られた枠が全ての世界です。この狭い中だと、つい小さく表現しがち。いつもの3倍のつもりで、はっきり、大きく反応しましょう。

▼大げさにするのは声、表情、動作

3倍の反応を意識するポイントは、声、表情、動作の3つです。

(1) ハリのある声で

相手のスピーカーやイヤホンの状態によっては、音がこもって聞こえづらくなります。いつもよりも張った声を出し、口を大きくあけて、一言一言、一音一音をはっきりと発音しましょう。

(2) できるだけ、表情豊かに

いつも以上に表情豊かに話しましょう。表情豊かとは具体的には、表情が変わることです。変化させる箇所は、表情の中でも目と口です。目を見開いたり、細めたり、閉じたり。口を大きく開けたり、閉じたり、尖らせたりという変化があると、感情をこめて話しているように伝わります。

感情をこめた表情をするときは中途半端にしないこと。笑うときは、しっかり笑う。真面目な顔をするときは、しっかり真面目な顔をする。意見を考えているときは、しっかり考えている動作をしましょう。

ちなみに、「しっかりと笑う」とは、上の歯が8本見える程度まで口をあけること。「しっかり考える」とは、視線を右上または左上に向ける、手を顎に添える、何かペンを持って書き留めるなど、それまでと違う動作を行うことです。動作が変化することで、考え中であることを伝えます。

会話では、話すよりも相手の話を聞く時間のほうが長いもの。

とくにリーダーであればそうでしょう。話を聞きながら頭を動かし頷くばかりでなく、**顔の表情でも反応しましょう。**真面目な顔で相手の話を受け止め、あとは話の内容に合わせて喜んだり、悲しんだりと表情を変化させます。すると、感情豊かに伝わ

▶ 3倍の反応をする準備

1 声　事前に声の準備体操をする

- 「あ、い、う、え、お」と口を大きくあけながら1音ずつ、数回声を出す
- 実際に話すセリフを口に出す

2 表情　鏡で自分の表情を確認する

- 鏡で自分の表情を確認しながら、オンラインで話す目的を何度も口に出して言ってみる
- 鏡の中の自分は、きちんと表情が変化しているか点検する

ります。

ある管理職の方は、人事評価のための部下との面接がオンラインになったため、表情トレーニングを行いました。とくに話を聞くときの真面目な顔を練習したところ、リアルで面接していたときよりも部下が話す量が増え、話の中身も濃くなったと感じたそうです。

自分がどんな顔をしながら相手の話を聞いているか。一度、録画をしてみてください。表情変化が少なく無表情に見えた人は、大きな反応を心掛けましょう。こうして簡単に録画できるのもオンラインの良いところです。

（3）動作はゆっくりと

オンラインでは、悪い癖が強調されて際立ってしまいます。せわしなく頭を動かす。手を意味なくバタバタと動かすという癖は目障りです。

オンラインでの動作は「ゆっくり」が基本です。

相手の話に頷くときに、早く小刻みに「うん、うん」と何度も頷くのは、よくある悪い癖の例。頷きは、ゆっくり大きく1回だけです。**つい癖で何度も頷いてしまうという人は、「頭が重たい」とイメージしてみましょう。頷く回数を少なくゆっくりと修正することができます。**

さらに、リアクションをワンテンポ遅らせると、余裕を表現できます。相手の質問に答えるときにすぐ答えるのではなく、間《ま》をおくのです。質問されたら、相手の目を見て1回頷き、「1、2」と数える程度ワンテンポ置いてから話し始めると堂々としてみえます。

あるリーダーは、相手の話を聞くときに「うん、うん」「それで、それで？」と相づちを打ちながら、何度も頷くのが癖でした。

リアルでは「熱心に話を聞いてくれる」と受け止められていたこの癖も、オンラインになると少し厄介。設定によっては、「うん、うん」と相づちを打つたび画面が切り替わります。頻繁な画面変換はノイズでしかありません。

聞くと、コーチングを学んで傾聴を心掛けているといいます。もちろん相づちを打つことにより、話がはずみます。「言語調整動作（レギュレーター）」といい、相手に話を促す効果があるからです。

しかし、オンラインになると、頷く回数と速さに注意が必要です。動画を倍速で見ているような頷きは、せっかちな印象、ときには責め立てているような印象を与えかねません。ゆっくり、大きくを目指しましょう。

CHECK

表情は大げさに、動作はゆっくりと大きく

Let's try!

表情筋のトレーニング

表情豊かに話すためには、自分の真顔、つまり感情ゼロの状態、喜怒哀楽のない中立な表情を知っておきましょう。素の表情がわかれば、そこから表情を変化させていけばよいのです。

まずは、真顔のチェックです。鏡の前でまっすぐに自分の顔を見てみましょう。歯磨きや洗顔、髭剃りのときに見慣れたいつもの顔ですね。しかし、それは真顔ではありません。自分をよく見せようとして無意識に顔に力が入っているはずです。力を抜いて楽にして、ボーッと自分を見ます。そして客観的に観察します。

口角は下がっていませんか？　長い時間マスクをつけていると、マスクの下では表情を動かさないため、口元がたるんでしまっている方も多いようです。

そこで、**お勧めしたいのが表情筋のトレーニングです。**トレーニングはとても簡単。**口角を思いっきり引き上げ、そのまま10秒キープするだ**

▶表情筋のトレーニング法

口角を思いっきり
引き上げてそのまま
10秒キープするだけ
できる方は、
30秒、1分など
キープしつづける

け。できる方は、30秒、1分などキープしつづけましょう。

最初は頬や口元がプルプルと震えるかもしれません。楽に長い時間キープができるようになったときは、口の表情筋が鍛えられた証拠です。

なお、目や口が左右で非対称だと感じる方もいるかもしれません。安心してください。完全に顔の左右が対称という人のほうが少なく、誰でもどこかが非対称です。その非対称をカバーする意識をもつことです。例えば、右の口角が左よりも下がっている場合、笑顔の時に、より右を引き上げる、など自分の素の顔にあわせて調整しましょう。

4章

まずはココから！

信頼される人は「この準備」を欠かさない

1 信頼を失わない準備とは？

▼オンラインでは「準備」が9割

茶道では、客を迎える準備として「三炭三露」を整えるという言葉があります。三露の一つが茶事に先立って玄関先に行う「打水」です。打水の目的の一つは、茶会の準備が整ったことを客に知らせる合図。お客を迎える30分ほど前に行うのが目安ですが、微妙な調整が難しいもの。

打ち水一つからも亭主がどれだけ心配りをしているかがわかる「おもてなし」なのです。

オンラインでは、全員が茶事における亭主のようなもの。よりスムーズにコミュニケーションを取れるように準備する必要があります。

実際、準備を怠るとトラブルが多発します。たとえば、「操作がうまくいかない」「焦ってミスを連発する」「うまく話せず、予定より時間が長くかかる」など。

いずれも、これまでに築いてきた信頼を失いかねない失態です。これが初対面であれば、次はないでしょう。オンラインという関門を通過できないということです。オンラインでの成功は、準備で9割決まるともいえるのです。

CHECK

トラブルを避ける「準備の仕方」を知っておこう

2 パソコンの画面を片づける

▼「ビジネスにふさわしいかどうか」が基準になる

パソコンの画面は、たとえるならオフィスの机です。仕事ができる人の机の上は片づいているもの。パソコン画面は、あなたの思考整理能力を表します。きちんと片づけておきましょう。

画面上に、中身が推測できるような「ファイル名」はありませんか？　個人名やプロジェクト名など情報漏えいにつながるような名前は、危機管理の薄さを感じさせます。

壁紙はプライベート丸出しではありませんか？　これまでは、壁紙は自分だけが見るもの。だから、好きなもので良かったのです。しかし、他人にも見えるとなるとそうはいきません。**ビジネスにふさわしいものに変更しましょう。**

▶パソコン画面はビジネスにふさわしいものにする

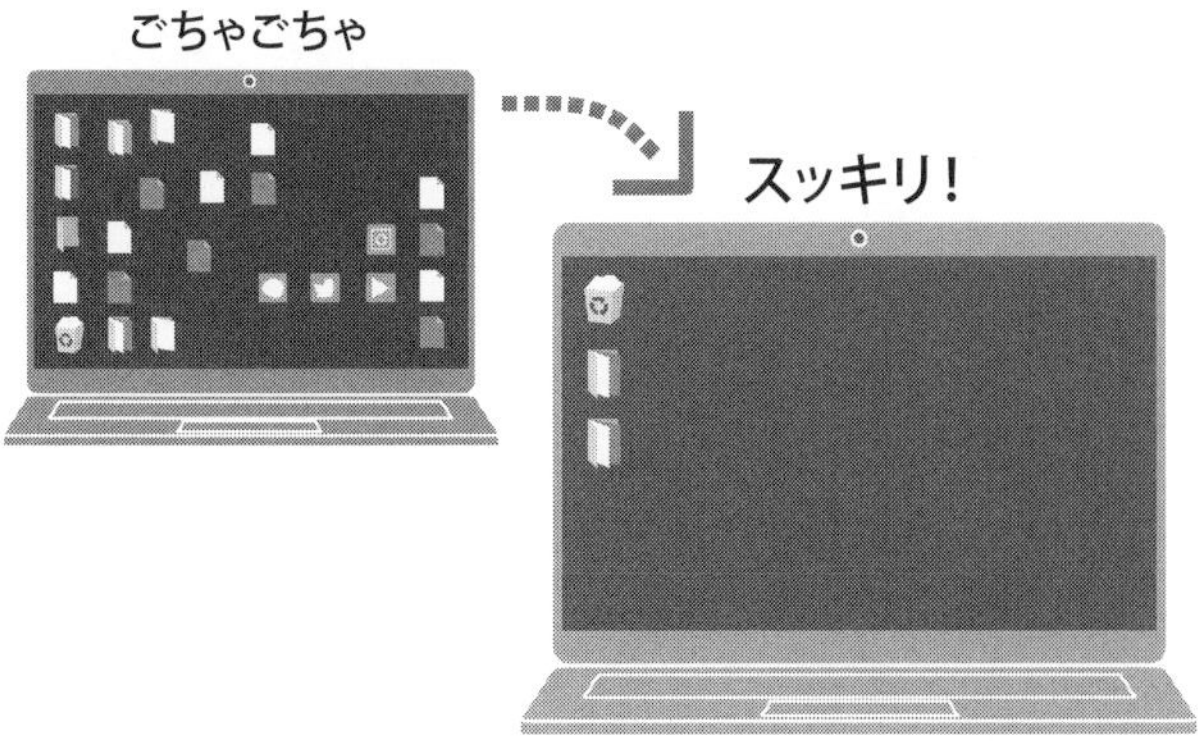

壁紙を意図的に仕掛けることも可能です。自社ロゴを使ったオリジナルの壁紙、自社の新製品の写真などPRしたい内容を壁紙にするのも良いでしょう。普段は好きな壁紙を使い、オンラインの間だけでも壁紙を変更する。

そのひと手間が信頼につながります。

▼信頼を失い、失職した例も

また、**注意すべきはポップアップ表示です。**メールやLINEなどに新しいメッセージが入ったことを通知するポップアップを設定していませんか？　オンライン中は設定をオフにしておきましょう。

アメリカから画面共有に関連したこんなニュースが届きました。

マイアミ大学の男性教授はオンライン授業で自分のパソコン画面を共有しました。そのとき、Ｗｅｂブラウザ上の卑猥なブックマークが学生に見えたことがきっかけで解雇されたそうです。

デスクトップの公開を甘く見ると、信頼だけでなく、職までも失う危険性がある怖い時代です。

ビジネスという公の場にプライベートが割り込んでくるのがオンラインの怖いところ。まずは、第三者に見られてもよいように整理することから始めましょう。

CHECK

一定のルールを決めて、デスクトップを整理する

3 これが、ビジネスにふさわしい「背景セット」です

▼背景から、人となりを推察される

オンラインで相手とつながったとき、あなたはまず、どこに注目しますか？

相手の表情や服装、そして、背景が目に飛び込んでくることでしょう。

「今どこだろう？　自宅かな、会社かな」と相手の場所を確認したり、「自宅は、こんな部屋なんだ」「仕事場は、こんなデスクなんだ」など、リアルではわからなかったプライベートを観察したりします。背景から無意識に情報を読み取ろうとするのです。

このようにオンラインでは、自分が意図的に話して伝える内容だけではなく、背景も勝手に何かを伝えています。

つまり、黙って参加しているだけで、背景から何かが伝わってしまうのです。

たとえ「今日は自分は参加するだけで発言しない」というときも気を抜かずに、背景についてよく戦略を立てましょう。

▼3ステップで背景セットを作る

では、どんな背景であればビジネスにふさわしいのでしょうか?
次の3ステップで準備します。

ステップ1　定位置を決める
ステップ2　ノイズを削除する

ここまでは信頼を失わないためのいわば守り。さらに良くしたいときは、

ステップ3　世界感のある背景セットを仕掛ける

この域までもっていき、攻めていきましょう。
まずは、ステップ1、2を順番にお伝えします。

〈ステップ1〉定位置を決める

オンラインにつなごうとする度に、毎回場所を探してカメラをセッティングするのは時間の無駄です。自分が座る定位置を決めましょう。

放送局のスタジオには、アナウンサーが座る場所が決められています。カメラの位置に合わせ、どのアナウンサーが座ってもだいたい同じサイズに映るような位置にシールで目印がつけられています。

同じように、パソコンのカメラを使うときはパソコンを置く位置、スマホやタブレットのカメラを使うときは三脚を立てる位置に印をつけておきましょう。

一度、定位置を決めておくと準備の時間を短縮できます。

〈ステップ2〉ノイズを削除する

背景は無地が無難です。無機質にはなってしまいますが、余計な物が映らないため発する情報はゼロ。守りの作戦といえます。白い壁の前や、白でなくても無地のカーテンの前など背景が一色になる場所を探しましょう。

背景の基本は、ノイズを削除することです。

たとえば、散らかった部屋、ベッドや洋服など生活感が出過ぎるもの、ポスターやインテリアなど趣味が見えすぎるものなど、ビジネスにふさわしくないものはノイズです。これらが映り込んでいるときは、片づけるか、映らない場所に移動させましょう。

どうしても映らないようにすることが難しい場合は、いっそのこと、こちらから背景について触れてしまえば、信頼は失われずにすみます。

たとえば、どうしても背景に家族で写った写真が映り込むとします。こうしたときは「今日は自宅から参加しています。家族写真が見えてしまっておりますが、お許し

▶背景をセッティングする手順

ステップ1 > 定位置を決める

ステップ2 > ノイズを削除する

ゆとりがあれば……

ステップ3 > 世界感のある背景セットを仕掛ける

ください」と、先に説明してしまうのです。

つまり、背景に写真が映り込むのが悪いわけではないのです。相手が「あれは何だ」と気になってしまうものがあると、集中を妨げるのがダメなのです。

先にこちらから説明して、「あれは家族の写真だ」などとわかれば、映り込んでいてもさほど気にはなりません。相手にとって意味を持たない背景になるからです。それが何かが判明すればノイズではなくなるのです。

CHECK

守るのか、攻めるのかを考えて、背景を作る

4 攻めたいときの「背景セット」

▼放送現場のセットは参考になる

ここでは、ステップ3「世界観のある背景セットを仕掛ける」について紹介します。あえてセットにしゃべらせる方法です。

背景は、発言内容の信頼性と大きく関係します。その人が、その場所で話すからこそ生まれる説得力があるのです。

放送現場でも番組コンセプトにあったスタジオセットを作ります。

ニュース番組のセットは、青や白の照明のもと、透明な素材で直線の多い都会的なデザインが多いようです。さらに、グローバルなニュースであることを表現したい場合は、背景に世界地図が描かれていたりします。

情報番組では、花が飾ってあったり可愛い雑貨が置いてあったり、木目調の家庭のリビングのようなセットが多く見られます。

▼専門性を打ち出す

このように背景として映る部分を工夫することで、ビジネスにふさわしい、かつ、自分の世界観を伝える背景セットを作ることができます。自分の専門性、自分らしさを表現する背景は、どんなものがあるでしょうか？ **ヒントは、あなたの「専門性」にあります。**

たとえば、インタビュー番組ではゲストに合わせてセットを変えます。そのゲストが何者であるかが一目でわかるものを背景に映すのです。

建築家であれば、セットの一部にその方の作品を飾ります。背景のモニターに、その方が設計した建物の写真を映すこともあります。国際的に活躍しているゲストであれば、現地での活動の様子の写真やＶＴＲを背景に流すこともあります。

あなたは何者ですか？　または、今後、何者になる可能性があると相手に認識してほしいですか？

▶信頼される背景セットを作ろう

どちらが信頼される？

A

B

背景は、発言内容の信頼性と大きく関係する。
行きたい場所や思い出の場所を背景にするのではなく、
「ビジネスにふさわしい背景」
にしよう

YouTubeで動画配信をしているある著者は、短時間ですぐに撮影ができるように自宅の一角にカメラや照明の位置を固定した撮影スペースを作ったそうです。背景には顔色がよく見え、どんな服の色を着ていても合う色として明るめのグレーを選び、自分でペンキを塗ったとのこと。さらに、「おしゃれ」な世界観をつくるため、後ろに映り込む家具の色は黒に統一。飾る絵や小物一つ一つに意味を持たせているそうです。ここまで本格的ではなくても、**あなたもビジネスにおいて自分が何者であると伝えたいかを考えて、背景は意図的にセッティングしましょう。**

▼バーチャル背景は、信頼を損なわないものを

ビジネスにおいては、バーチャル背景はお勧めしません。あくまでもバーチャルは仮想にすぎず、本物ではない偽物だからです。偽物は信用されません。

相手に「都合の悪いところは隠す人だ」と無意識に受け止められてしまいます。**背景はできるだけ「実際の映像」が好ましいのです。**

どうしても、バーチャル背景を使いたいときは、信頼感を損なわないために守って

ほしいルールがあります。それは、**「現実的な背景を選ぶこと」**です。非現実な画像はビジネスにふさわしくありません。

非現実的な画像とは、南の島のビーチや宇宙空間、海の中など。豪華なマンションの一室や、都会的すぎるオフィスの一室、天井まで続く書棚の前など、こんなところで働きたいという理想の場所もいけません。

面白味はありませんが、**白い壁紙の画像や実際のオフィスの画像にすると堅実です。**リアルで使っている会議室があればその写真を撮り、背景にするくらいの現実味があるほうがよいでしょう。この際、自分のサイズと写真に写っている家具のサイズを合わせて、違和感がないようにしておきましょう。

CHECK

専門性が伝わる、現実的な背景がお勧め

5 「照明の当て方」で好感度が変わる

▼照明を当てる手順

一般に、室内はオンラインに必要な明るさよりは暗め。窓際など明るい場所を選びましょう。

あるいは、照明をいくつか集めて当ててもいいですね。照明は顔に直接当てるのではなく、白い壁などに当てて間接光で明るくしましょう。手順は次の通りです。

①自分の前に置いたカメラの後ろに照明を設置
②直射はせず、自分の後ろの壁に向かってライトを当てる

スタジオで撮影をするときは、カメラマンは照明の他、顎の下の影を隠すために消すためにレフ板を置きます。レフ板の代わりに白い紙を膝に置いたり、白い服を着たりするとその効果があるとされています。明るく見せたいときは男性は白いトップス、女性はインナーに白を着るのもお勧めです。

▼ビジネス場面には青白い照明を

「自分は男だからカメラ映りは必要ない、照明は関係ないな」と思ったあなた。それは大きな間違いです。

照明はきれいに映って好感度を上げるためだけに使用するのではありません。

信頼度を上げるうえでも必需品。

照明は、「明るさ」で好感度をつくり、「色」で信頼度を高めるのです。

住宅用の照明の色には5種類あります。なかでも「昼光色」が一番青白く、はっきりとしたクールな印象に見せてくれます。

ビジネス場面で使っていただきたいのは、この青白い照明である「昼光色」です。
放送では、ニュース スタジオは青白い照明、情報番組ではオレンジの照明と、スタジオによって照明の色を意図的に変えています。青白い照明のニュース スタジオで伝えるからこそ、ニュースの信ぴょう性が上がるともいえます。

あなたも青白い照明で明るく自分を映すことで、発言の信頼性をより高めることができます。**なお照明を当てたら、必ずその見え方をリハーサルで確認しましょう（135ページ参照）。**

あるクライアントから、高額なプロ仕様のリングライトを購入したのにカメラ映りが良くならないと相談がありました。ライトの数を増やしても顔が暗く映るといいます。そこで、「もしかして……」と思ってあることを試してもらったところ、当たりでした！　**パソコン内蔵カメラのレンズをメガネ拭きで拭いてもらったのです。**「明るくなった！　きれいに映っている」と大喜び。そもそもカメラのレンズが汚れてい

▶照明の当て方

次の手順で照明をセットする

ステップ 1 > 自分の前においたカメラ（パソコンやスマートフォン）の後ろに照明を置く

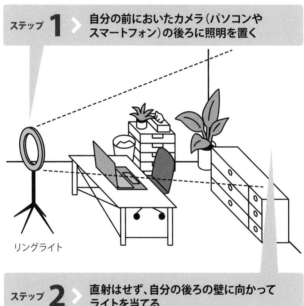

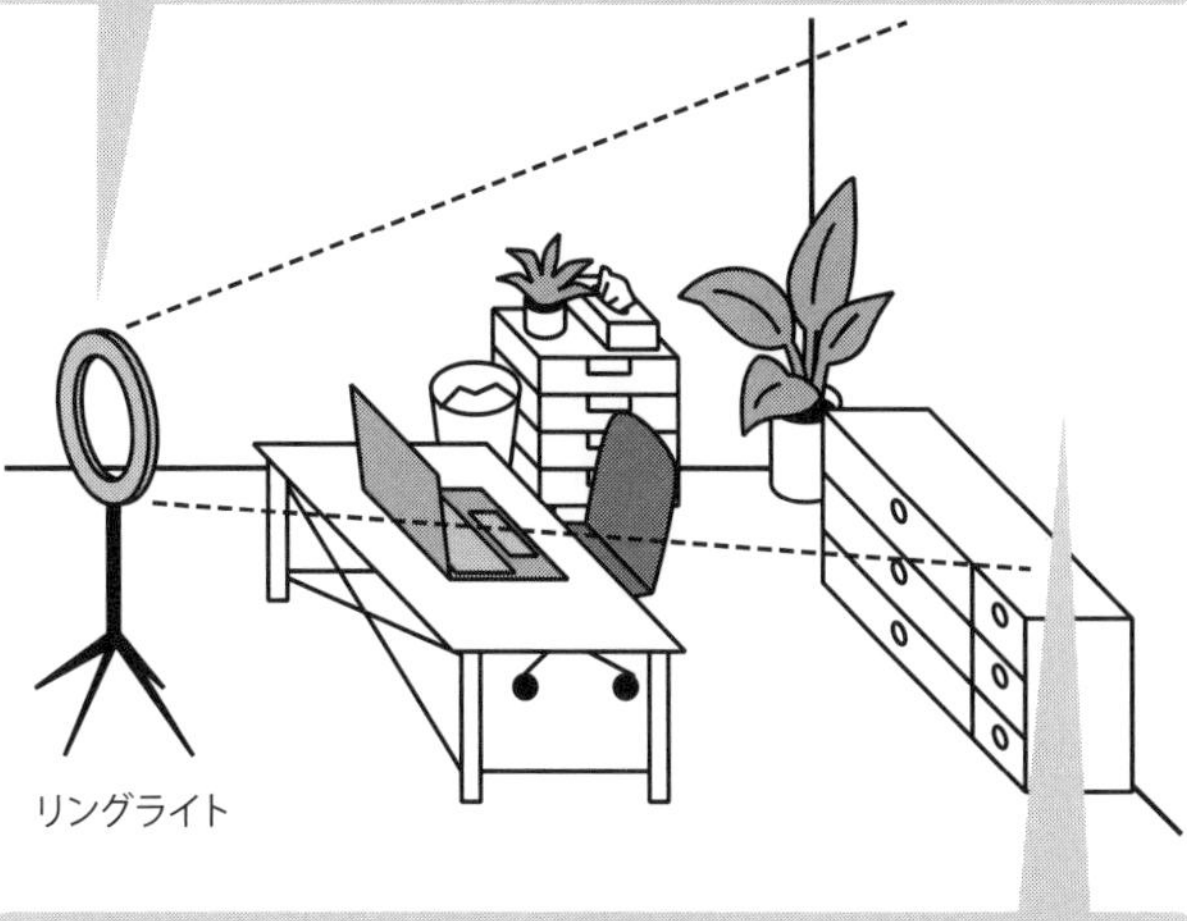

ステップ 2 > 直射はせず、自分の後ろの壁に向かってライトを当てる

お勧めの照明は、リングライトという丸い形で中が空洞のライト。

通常、ライトを顔の上から当てると鼻や顔の下に影が出てしまうが、リングライトはリング状の光でそうした影を打ち消しあってくれるたのです。

レンズにホコリやチリなどの汚れがついていると、ぼやけて暗く映ってしまいます。

いつの間にか指で触ったりして油性の汚れがついていると、その汚れが映りこむこともあります。

あなたも一度、照明を購入する前に試してみてもよいかもしれませんね。

CHECK

青白い昼光色のライトを当てて、信頼度を高めよう

6 リハーサルをする

▼定例開催でも、一度はリハーサルしておく

オンラインでは、リハーサルが必須です。ここまで準備したことを確認するために
リハーサルを行いましょう。

定例開催であっても初回の前だけはリハーサルを行ってください。2回目以降は省略してもかまいません。

また、たとえ自分は参加するだけであっても、直前でよいので一度はリハーサルしておきましょう。自分はどう映るのか、声はどう聞こえるのかなどを確認します。

利用するオンラインの通話テストサービスを使ったり、スマートフォンとパソコンなど複数からつないだりして確認するとよいでしょう。

恥ずかしながら、私はリハーサルを怠り失敗したことがあります。初めてZoomで

オンラインセミナーを開催したときのことです。

数日前から、スタッフと何台かのパソコンを使ってオンラインでつなぎ、一通りのリハーサルを行いました。準備万端のはずでした。

しかし、実際は大失敗。リハーサル不足が原因です。セミナーは出席者の顔と声を出さないウェビナー形式で企画しました。途中で3人にパネリストとして顔を出してもらい、発言してもらう予定でした。しかし途中で設定を変更する作業に手間取ってしまい、解決するのに15分も時間をかけてしまったのです。

原因は、本番と全く同じ環境でのリハーサルをしていなかったことです。変更をする練習は1人だけで試し、「あと2人は同じだから」と3人同時にやるとどうなるかというリハーサルを省略してしまったのです。

さらに、役割分担をしていないという作戦ミスもありました。

本番では、私が講師として話しながら設定変更などのシステム操作も同時に行いました。これは実際にやってみると、心身ともに負荷の高い大変なことでした。

▶リハーサルをしよう

この失敗から学び、以降は講師を務める私はセミナー内容に集中、その他のスタッフがシステム操作を行う方法に作戦変更。それからはスムーズに進行できるようになりました。

▼役割分担は欠かせない

パソコン設定操作を行うホスト権限を誰がもつのかなど、**当日の役割分担についてリハーサルで確認しておきましょう。**

プレゼンターはプレゼン、講師は教える、Aさんはパソコン設定操作、Bさんはチャットで出席者からの質問がないかチャットをモニターする、など各々がひと

▶役割分担をしよう

私が教えます
プレゼンします
パソコンの設定まかせて
チャットでモニターします

つの仕事に集中できる環境が理想です。

もちろん一人しかいない場合もあるでしょう。そのときは、一人でやるとどのくらい時間がかかるのかをリハーサルでシミュレーションしておきましょう。

リハーサルでは、内容の確認や練習だけでなく、オンラインで起こりうる技術的な問題も確認しておきましょう。事前に対策を立てられます。

プレゼンターがいる場合は、可能であれば、数日前に発表者全員と通しのリハーサルができるとよいでしょう。

▼リハーサルは徐々に簡単に

オンラインに慣れてきて自分のスタイル（パソコンの位置、座る位置、背景、マイク、イヤホンなど）が確定したら、リハーサルを少しずつ簡単にしてもよいでしょう。ただし、**毎回必ず確認してほしいのは、きちんとつながるかというネット環境の確認です。**

ホストがオンラインを開始する時間より、少し早めの10分前くらいがめど。一度、オンラインの場所に入るようにしましょう。そして、つながったことが確認できた後なら、時間までもう一度席を離れることも可能です。

▼録画することで、改善点が見つかる

リハーサルは録画しておきましょう。

改めて他者の視点で見てみると、リハーサル中には気づかなかったことが見えます。**耳障りな音が入っていたり、資料が見えづらいことに気づいたりするのです。**改善する時間の余裕をもつためにも、直前ではなく、数日前のリハーサル録画を目指しま

しょう。

▼プレゼン資料の文字サイズを変更した例

あるクライアントは、**リハーサルによって資料の文字サイズを変更する必要性に気づきました。**

当初は、リアルで営業するときに使っているPowerPointで作成したプレゼンスライドを、オンラインでもそのまま使うつもりでいたそうです。

しかし、録画を見てみると、それでは文字が大きすぎることがわかりました。リアルの広い会議室を想定し、文字のサイズを60ポイントと大きく設定していたからです。それではは各自がオンライン画面で資料を見るには大きすぎ。慌ててサイズを変更したそうです。

オンラインで画面共有するときは、資料の文字やイラストが大きすぎるとかえって見づらいもの。全体像が把握しにくくなってしまうからです。**オンラインでの資料は、リアルで見せるときの資料よりは文字は小さめが目安。**スマートフォンかパソコンかなど、媒体の違いによる文字やイラストの見え方の違いも検討しましょう。

リハーサルを録画して見返すと、いろいろな課題が見つかります。それをもとに、一つひとつ改善していくことで、主催者、参加者共にメリットのあるコミュニケーション環境をつくっていくことができるのです。

CHECK

本番さながらのリハーサルで、予想外のトラブルリスクを最小に

リハーサル時のチェックリスト

【映像】

□**背景**／ビジネスにふさわしくないものが映っていないか？（↓119ページ）

□**サイズ**／頭の上の余白や身体のサイズを調整したか？　台形バスト・ショットになっているか？（↓76ページ）

□**高さ**／スマートフォン、タブレット、パソコンなどを実際に設置し、目の高さや水平を確認する。パソコンの高さは自分の目の高さに合わせて設置したか？

□**照明**／明るさは十分か。色は目的に合っているか？（↓130ページ）

□**髪型**／映り方、顔に前髪の影が出ていないか？

□**服装**／色合いの確認、背景と同化していないか？　模様でハレーションが起きていないか？　全身映っても大丈夫な服装で臨む

□**ジェスチャー**／映像は反転して映る。「右肩上がり」などのジェスチャーをしたい場合は逆になるので練習が必要

□**表情**／自分が話しているとき、話を聞いているときの顔を確認。どのぐらい大げさにすると相手にも伝わるか？（↓103ページ）

□**資料**／途中でスライド資料や実物など見せたいものがある場合、その見せ方、持ち上げる位置、取り出し方を確認（↓160ページ）

□**映り込み**／自宅の場合は、家族やペットなどが通って画面に映り込むことがないように協力を依頼しておく。部屋の入口に張り紙をしておくのも手。音声の入り込みにも注意

【音声】

□**マイクの音質・音量**／内蔵マイクか外付けマイクかヘッドセットか？　どれが良いか音質をテストする。音量が小さすぎないか、または大きすぎて音が割れていないかなど確認する

□**スピーカーの音量**／聞こえやすいか？　聞こえにくいときは、イヤホンを使う

□**ハウリングの有無**／マイクとスピーカーの関係でエコーやハウリングが起きることがある。音量を下げたり、マイクとスピーカーを話したりして対処を。スマートフォンとパソコンなど複数台でつないで、どちらもマイクがオンになっているときも起こりやすい

□**ノイズの有無**／公共の場所で参加するときは周囲の雑音（社内放送・車内アナウンスなど）を確認。なお、自分の話す声が情報漏洩になっていないかも注意する。内容をメモするためのキーボード入力時の「カチャカチャ」という音もノイズになる。入力時は音声はミュートにしたり、外付けキーボードを使ったりなどの工夫を。メモは手書きにするのも一案。筆記具を持ちながら話を聞く様子が映像で相手に見えれば、リアル時によく行う動作のため自然

【通信・技術】

□**電源・充電**／途中で充電切れにならないよう電源の確保を

□**インターネット通信環境**／途中で、聞こえない、映像がフリーズする、音と映像にタイムラグがあるなどの状態になると集中ができないため注意

□**画面の切り替え、グループ分けなど**／画面共有の方法、グループ分けの方法、発表者の交代の方法などシステム操作をスムーズにできるよう確認

【役割分担・その他】

□何分前からオンラインに入室可能にするのか？

□時間前にログインしようとした人には、どのような警告が表示されるのか？

□入室許可は誰がするのか？

□途中でログアウトしてしまった参加者が、再度入室しようとしているときの入室許可は誰がするのか？

□チャットを監視するのは誰か？

□資料を見せる画面共有は誰がするのか？　音声も共有したいときはどうするのか？

□主催者間で困ったときの連絡方法は？（オンライン二刀流・100ページ参照）
□グループに分けるブレイクアウトルームは誰が設定するのか？　設定まで何分くらいかかるのか？
□録画はうまくいくか？　録画した動画はどのくらいのサイズでどこに保存するのか？
□プレゼンターにプレゼン中にエラーがあったときは、誰がどうつなぐのか？
□どうしてもオンライン操作がうまくいかない人がいた場合どうするのか？（電話してフォローする、後日録画を見てもらう、などの対応策）

5章

「言葉遣い」から「所作」まで

「わかりやすい伝え方」のキホン

1 ストレスを与えない伝え方を！

▼資料の見せ方にはコツがある

リアルで伝えるときに聞き手に「話がわかりにくい」「結局何が言いたいの?」と言われる人は、オンラインでは、さらに伝わりづらくなります。

「わかりやすい話し方」と「わかりにくい話し方」——。

両者は、相手に与えるストレス量が違います。

「わかりやすい話し方」は、内容を理解するために相手にかかるストレスが少ないのです。

相手にストレスを与えず、わかりやすく伝える。納得しながら話を聞いてもらう。そうすることで、オンラインであっても相手を動かす話し方ができるようになります。

▶スライドの文言は、そのまま読む

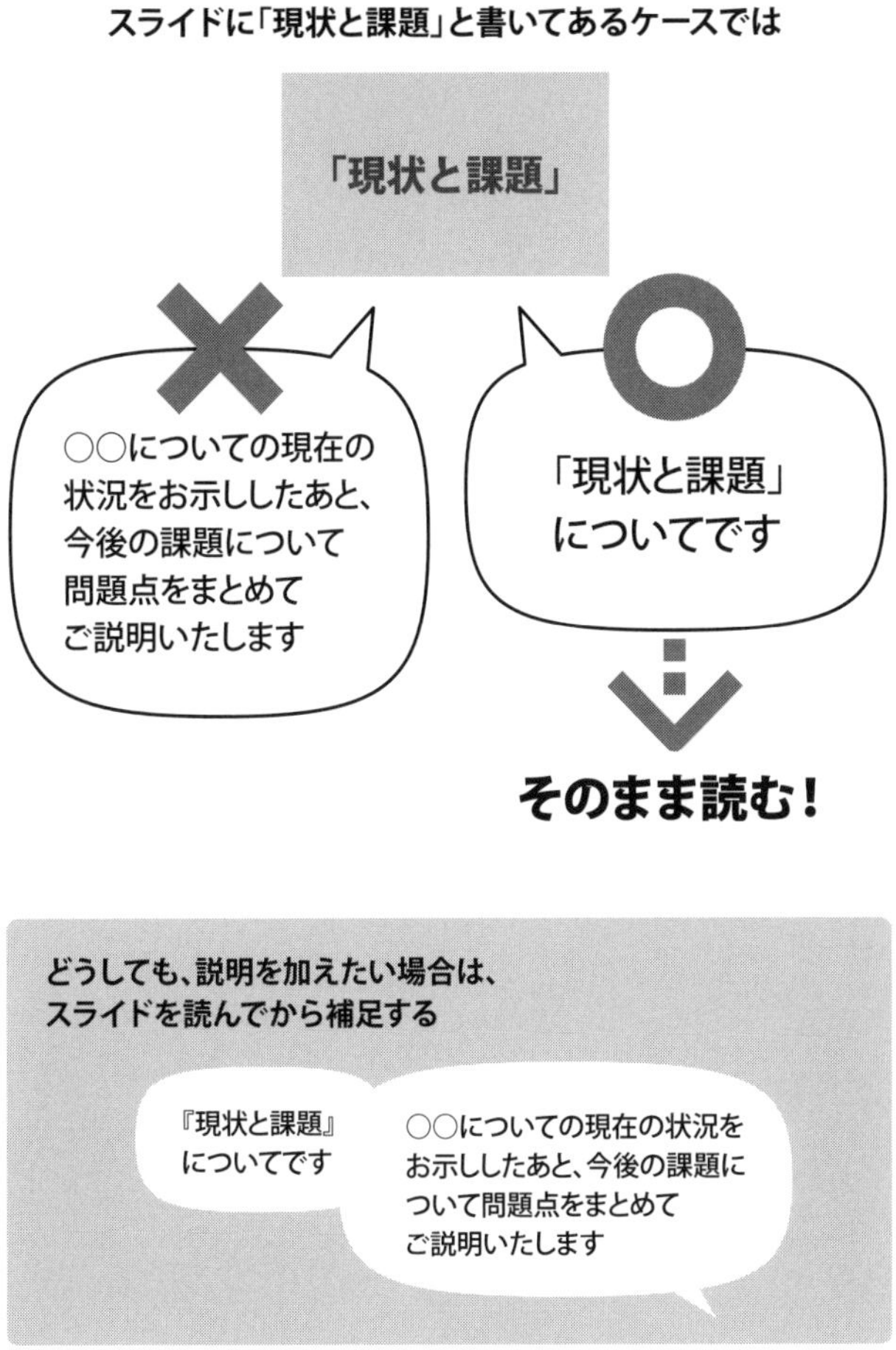

▼見せる資料はそのまま読む

ストレスの主な原因、つまり話がわかりづらい原因。

それは「視覚と聴覚が一致していないこと」にあります。

プレゼンのときに見せるスライドや、相手に説明するときに見せる資料や写真などは、まず書いてある文字をそのまま読みましょう。

オンラインで大事なことは、聞き手の視覚と聴覚を一致させることです。

たとえば、スライドの文字と話している言葉は一致していますか？　スライドの文字「視覚」と、話している言葉「聴覚」が異なることはよくある悪い例です（１４９ページ参照）。

スライドに「現状と課題」と書いてあれば、「現状と課題についてです」とそのまま読むのがポイントです。

言葉を変えてはいけません。スライドの内容はそのまま全部読み上げましょう。

▶いきなり、結論から話さない

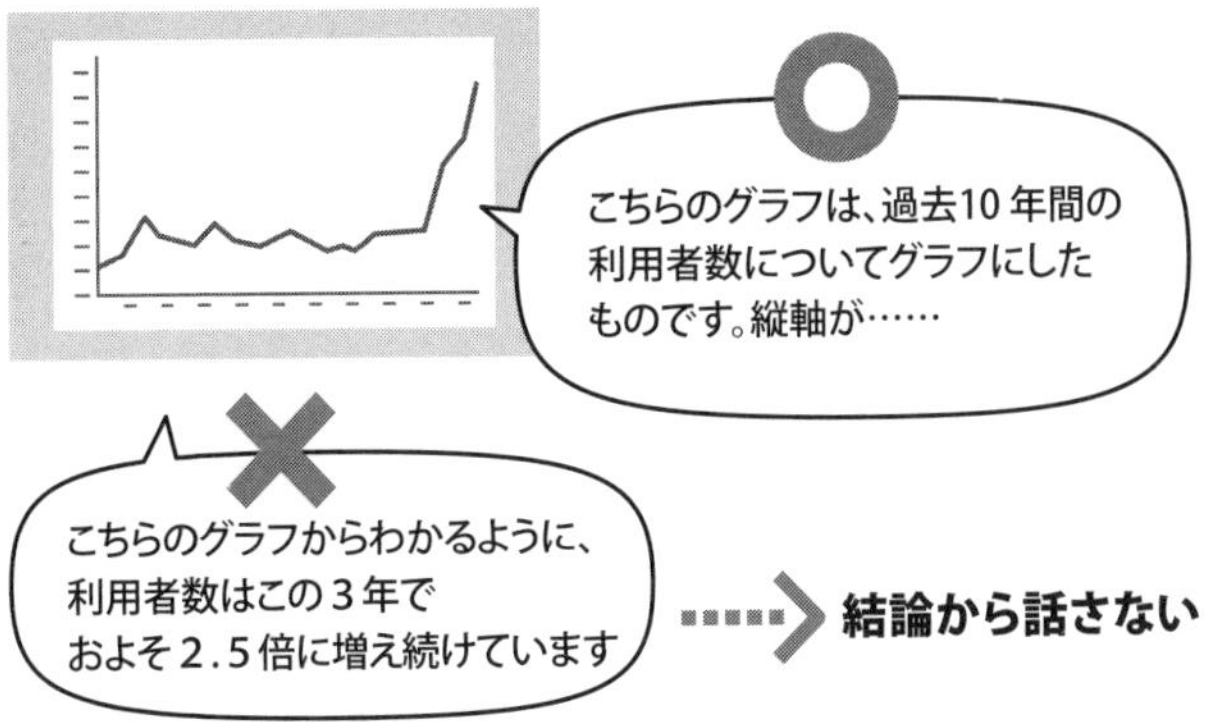
こちらのグラフは、過去10年間の利用者数についてグラフにしたものです。縦軸が……
こちらのグラフからわかるように、利用者数はこの３年でおよそ２.５倍に増え続けています
結論から話さない

スライドに細かい文字で説明を文章で記載。「スライドに書いてあるから」と内容について全部は触れずに端折って説明する。これは間違いです。

一部を省略すると、その省略部分を相手が黙読しているあいだ、あなたの説明が耳に入らなくなるからです。スライドを読んでほしいときは、「各自こちらのスライドにお目通しください」と言って間《ま》をとり、読む時間を与えましょう。

スライドを全部読む時間がないという場合は、そもそもスライドに書いている内容が多すぎるかもしれません。

▼スライドで、全体像を繰り返し伝える

最初に、話す内容についてアジェンダ（議題や目次など）を示します。その後、アジェンダを書いたスライドを話の変わり目ごとに出しながら進めていきましょう。

全体像を説明したスライドが何度も出ることで、聞き手も頭を整理しながら話を聞くことができます。そのため理解度が高まります。

同じスライドを出すときは、次に話す箇所のサイズを大きくしたり、色で強調したりします。反対に、すでに話した箇所は、小さくしたり色を暗くしたりするとよいでしょう。

テレビ番組でも画面の右上に「おいしいランチ特集」「今週末オススメの行楽地」など今、何を伝えているのかが表示されていますよね。同じように全体像と共に、現在地を示しながら話を進めていくとわかりやすくなります。

▼表やグラフは結論から話さない

表やグラフなどのデータについて説明する場合も、ストレスを少なくする伝え方を

しましょう。

最初に、聞き手が知りたいことは、そのデータが何を示しているのかや、その表やグラフ軸の説明など概要についてです。ですから、**グラフから読み取れる結論から一方的に説明するのは避けましょう。**視覚と聴覚を一致させた細かいステップを踏みながら相手が理解できる順番で話します（151ページ図）。説明の良い例、悪い例を次に紹介しておきます。

×「こちらのグラフでわかるように、利用者数はこの3年でおよそ2・5倍に増え続けています。このことから……」

○**「こちらのグラフは、過去10年間の利用者数について表したものです。縦軸が利用者数、横軸は年代です。2019年から右肩上がりに増え続けています。とくにこの3年では、およそ2・5倍になっていることがわかります。このことから……」**

とくに、初めてその話を聞いたり、そのデータを見たりする相手には、視覚と聴覚を一致させることが必須です。話し手にとってはすでに理解している内容だとつい簡単に説明しがちです。しかし、聞き手の立場に立って、相手が理解する順番で一つ一つ説明しないと迷子になります。

実際に説明するまえに、初めてその話を聞く人や、その話が専門外の人に試しに聞いてもらうといいでしょう。聞き手は、一度頭に「?」マークが浮かんでしまうと、そこから先の話にはついてきていない、と心得てください。

CHECK

聞き手が理解しやすいように説明を端折らない

2 一文を短く話すと見違える

▼簡潔に、わかりやすく話すコツがある

リアルの場においてうまい話し手は、相手がいまひとつ理解していないと感じたら、説明を追加したり、言い方を変えたりして臨機応変に対応します。しかし、オンラインではそのテクニックが通用しません。相手の表情がわかりづらく、反応を読み取りにくいためです。そのため、相手の反応を見ながら調整する必要がないくらい、最初から「わかりやすく伝える」ことが大切です。

とくに意識してほしいポイントはたった一つ。一文を短く話すことだけです。

〈一文は短く話す〉

一文を長く話すと、聞き手が混乱します。自分の話を録音または録画し、一文の文

字数を確認してみましょう。**わかりやすいのは、一文50文字程度です。**

〈順接の「が」の使用を避ける〉

「〜ので」「〜しており」「〜ですが」と言葉をつないで話す人は、一文が長くなってしまう傾向があります。順接の「が」を使うのを避けるだけでも、一文が短くスッキリ伝わりやすくなります。

なお、逆説の「が」は使ってもかまいません。言葉の使い方の一例を左ページに紹介しておきます。参考にしてください。

▼トレーニングで見違えた例

ある経営者は、人前で話すことに対して苦手意識をもっていらっしゃいました。その方の話すときの悪癖は一文が長いこと。トレーニングを始める前のスピーチ映像を分析すると、一文が400文字を超えていました。しかも、その途中に「えー」「あー」というノイズが入り、どこが文章のスタートだったかわからなくなるほど長い一文で

▶順接の「が」の使用を避ける

× 順接の「が」を使った例

「私は入社 3 年目ですが、担当エリアは関東全域なので、都内だけでなく茨城や栃木や群馬にも担当のお客様がいらっしゃるのですが、毎日電車で移動しており…」

○ いくつかの文にわけた例

「私は入社 3 年目です。担当エリアは関東全域です。都内だけでなく茨城や栃木や群馬にも担当のお客様がいらっしゃいます。毎日電車で移動しています」

○ 逆説の「が」はOK

「私はすでにベテランの 10 年選手とよく言われますが、入社 3 年目です」

※順接…前の事柄が原因・理由となり、後ろの事柄が結果・結論となるとき
※逆説…前の事柄から予想される結果とは逆になるとき

した。

そんな中、2020年春、毎年恒例の大きな社内イベントが新型コロナウィルスの影響で急遽オンライン開催に変更されました。

経営者がオンラインでいつもの話し方をした結果、社員からの評判はどうだったでしょうか？　いつも言われていた「話がわかりづらい」だけでなく、「自信がなさそう」「うちの会社やばいのかも」と社員に不安を持たせてしまったというのです。

しかも、オンラインを途中で見るのをやめてしまった離脱率が高かったのです。

そこで、一文を短く話すためのトレーニングを実施。

まずは、もともとの原稿の文章を一文を短く50文字におさめました。一文が短い原稿になったことで原稿を覚えやすくなったそうです。その結果、「あー」「えー」という次のセリフを思い出すノイズも減りました。

次に、本番中に思いついたことを話して長くならないように癖づける身体的トレーニングを実施しました。その結果、一文を短く話すことができるように変わりました。

そして、同年の夏に開催したオンラインイベントでは、**社員からのアンケート結果**

が過去最高の高評価。初めて「社員に自分のメッセージが届いた」という実感を得たそうです。そのことが自信となり、今では次に人前で話す機会を楽しみにするようになりました。

この例で興味深いのは、社員が「社長の話し方がうまくなった」とは言わなかったことです。代わりにこう評価していたそうです。

「オンラインだと、社長の話はわかりやすい」と。

リーダーたるもの努力する姿は見せない、というのも美学です。これまで話し下手だったと感じている方は、この経営者のようにオンラインにシフトしている今のタイミングをうまく使えば、話し下手の人生と別れを告げることができますよ。

CHECK

一文は50文字以内。順接の「が」を使ってダラダラ話さない

3 資料は持ち上げて読もう

▼小道具を適切に使うために

オンラインでは、資料のような小道具の見せ方が独特です。四角い小さな枠で切り取られた画面しか見えていないため、誤解を招く恐れがあるからです。

たとえば、話すときに資料やタブレットなどを机の上に置いて読んだとしましょう。資料が画面に映っていなければ、あなたは下を向いて自信がなさそうに話しているようにしか見えません。

資料を見るときは、画面に資料が映る程度まで持ち上げましょう。**資料を持ち上げて話すのはキツいという人は、下に置いた資料も一緒に映るような広めのサイズで自分を映すことをお勧めします。**

話す内容を記したカンニングペーパーだから持ち上げて見せたくないという人もいるでしょう。そういうときは、**カンペは画面に貼りましょう。**のりの付いた付箋が便利です。ポイントは自分を映しているレンズの近くに貼ること。そうすると目線が大きくずれません。堂々とメモを見ながら話せるのは、オンラインの強みです。

▼誤解されたある仕草とは？

ある人事担当者は採用面接をオンラインで実施したときに、この資料は持ち上げるというルールを知りませんでした。

その結果、ある就職情報サイトで「興味ある学生のときだけ話を聞いて、私のときは話を聞いてもらえなかった」と悪い書き込みをされてしまいました。**録画をチェックしたところ、資料の使い方のミスがもたらした失敗だとわかりました。**

オンラインで面接をしているとき、エントリーシートや履歴書を机の上に横に並べ確認しながら質問したそうです。

これは、学生にはどう見えていたでしょうか？

資料を見る時間はずっと下を向いているうえに、書類を横に並べたために、視線も定まらず、キョロキョロしているように見えたはずです。それが先の書き込みにつながったと考えられます。

こうした誤解を受けないためにも、資料は上に持ち上げるのが原則です。

また、複数の資料を並べるときは縦に並べましょう。

これにより、視線が一点に定まります。

ニュース番組では解説するときに、本番でわざと資料に書き加えるという演出を取っておくことがあります。オンラインでも、**あえて動きを見せる**という方法も試してみましょう。

完成した資料を示さず、画面共有をして、その場で説明しながら書き加えます。説明にメリハリがつきますし、聞き手の注意を引きつけることができます。**注意したいのは、営業のクロージングで提案や見積もりの資料を出すときなどです。**あまりにも早いタイミングで資料を出すと、いかにも用意周到すぎて相手を警戒させてしまいます。相手も「結局、狙いはそれか」と興ざめしてしまうことでしょう。**あえて、少し立ち上がって取りに行くような離れた場所に資料を置いておく**と、自然な形で提示できます。

CHECK

資料は持ち上げて読むと、誤解されない

6章

主催者になったら

ミーティング・会議は短い時間で！

1 主催者が最初に示すべき3つのこと

▼安心して参加できる場をつくる

あなたが主催者の場合、最初に参加者に3つのことを伝えましょう。

①声出し
②ルール
③目的とアジェンダ

この3つです。最初にこれらを伝えることは、オンラインを安心してコミュニケーションがとれる場にするための大事な一歩です。

▶進行時の「3つのポイント」

1 > 声出し

一人ずつ
「〇〇さん、いらっしゃいますか？
聞こえますか？」と尋ねて返事をもらう

2 > ルールを決める

①オン・オフのルール
②質問のルール
③リアクションのルール
④名前表示のルール
⑤録画のルール

3 > 目的とアジェンダを示す

「本日の会議は、議題が 1 つです。
会議時間は 30 分を予定しています」など

①最初に一声出してもらう

途中で「発言したい」「質問したい」と思っても、そのとき急に声を出すというのは抵抗感があるものです。そこで、人数次第ではありますが、参加者全員に最初に一声出してもらいましょう。

たとえば、出席確認の形をとれば自然です。「〇〇さん、いらっしゃいますか？聞こえますか？」と一人ずつに尋ねて返事をもらうのです。

出席確認はもちろん、マイクテストにもなりますし、セキュリティ対策にもなります。開始時間前から入室している方がいる場合は、早めに始めてかまいません。入室した人に随時、声をかけていきましょう。

②ルールを決める

当日のコミュニケーションの取り方について、以下の5つのことについてルールを示してから始めましょう。

〈1〉オン・オフのルール
（参加者の映像や音声オン・オフ設定について）

「映像・音声ともにオン」「音声のみオン」など、どのような設定を推奨するかを具体的に指示してください。たとえば、次のように伝えます。

「今回は、皆さんの映像をオンにしてください。お互いに顔を見ながら話を進めて行きましょう。ただし、発表者以外は音声をミュートにしてください」

このように、音声は自分が話さないときはミュートにして切っておくほうがお勧めです。雑音が入らず全員が発言者の声に集中することができます。

参加者が多い場合は、ネット環境を考慮して映像と音声の両方をオフ設定にするときもあるでしょう。あるいはホストから許可を与えたときしか映像・音声がオンにできない設定にするときもあるでしょう。

いずれにしても、その日はどういう設定にしているのかを含め、最初にオン・オフのルールを説明します。そうすることでスムーズに進行することができ、参加者も安心します。

〈2〉質問のルール
（意見や質問があるときの意思表示方法について）

「質問がある場合や、なにか不具合などがあった場合は、チャットに書き込んでください。事務局担当の○○がチャットを確認しています。全員ではなく、○○のみにチャットをいただけますか」

このように、具体的にどのような方法で質問するのかを決めておきます。

「手を挙げて意思表示する」「挙手ボタンを押す」「チャットに書き込む」、または「声を出して割り込む」など具体的な方法です。

挙手ボタン、チャットなどオンライン独自の機能を使うときは、一度全員で試しに練習してみるのも良いでしょう。

〈3〉リアクションのルール（参加者の反応について）

オンラインで話し手が一番戸惑うのは、相手の反応がわかりづらいことです。

「声はミュートにしていただいていますが、皆さんがうなずいたり笑ったりという反応をしながら聞いていただけると話しやすくなります。ご協力よろしくお願いします」

「話を聞いて『いいな』と思ったら『拍手ボタン』を押してください」

このようにリアクションを促しておくと、オンラインの場が活性化します。参加者が、受け身ではなく主体的に参加する仕組みにもつながります。

「相づちリーダー」を決めるのも一案です。

いつもリアルで反応が良い傾向のある参加者がいたら、**「今日は○○さんに相づちリーダーのお役目をお願いします」**と指名します。「相づちリーダー」は、他の人より意識して3倍大きく、うなずいたり笑ったり（103ページ参照）、拍手など反応ボタンを押したりして、**率先して相づちを打ちます。**「相づちリーダー」をオンライン中に交代制にするとゲーム感覚で楽しめます。話し手も話しやすく、参加者も飽きないお互いメリットのある方法です。

また、オリジナルのリアクション背景を作って複数の中から選べるようにしておくと、さらに盛り上がります。たとえば、「納得！」「賛成」「うーん、いまひとつ」「質問あり」などと書いた背景スライドを作り、事前に配布します。背景は、人が映る部分と文字やイラストが重ならないように配置して制作してください。
この背景を使って、プレゼンや報告などが終了するごとに聞き手に背景を変えて反応してもらいます。背景スライドは言葉ではなく、色だけのシンプルなものでもOKです。多勢が参加するときは、黄色が賛成、赤が反対、などと決めておくと、一目でどちらの色の割合が多いか見分けやすくなります。

〈4〉名前表示のルール
（参加者の名前の表示について）

オンラインでは一人ずつの映像の下に名前が出ます。その表記が漢字だったり、英語だったり。苗字だけだったり、フルネームだったり、いろいろな種類があると見づらくなります。表示方法を統一しましょう。

リアル会議の名札の役割です。

「社名・名前」↓例　株式会社○○　田中太郎
「所属・名前」↓例　営業部　田中太郎
「肩書・名前」↓例　税理士　田中太郎

また、オンライン中にグループに分かれた時間を設ける場合は、名前の前に数字やアルファベットを入れるルールにしておくと、手動でグループ分けをするときに便利です。

「グループ名・苗字」↓例　「A班　田中」

参加者には、**「それぞれの名前表示は、最初に所属、そのあとフルネームを漢字で入れてください。私の表示「営業部　田中太郎」というのを見本にして各自で変更してください」**などと伝えるとよいでしょう。

〈5〉録画のルール
（オンラインの録画許可、非許可について）

主催者だけでなく、参加者が各自で録画することもできます。このため、当日は、

「講演中は、録画ならびにスライドの写真撮影はご遠慮ください」

「本日の内容はこちらで録画しております。後ほど皆さんにも資料として共有します」

といったようにルールを伝えておきます。このように、録画許可を与えるのか否か、主催者が録画をしているのか否か、参加者にも後日それを公開するのか否か、など録画の状態についても伝えておきましょう。

参加者から、知らないうちに録画されて自分も映った画像が一般公開されていたという苦情が出ないように配慮が必要です。

③目的とアジェンダを示す

「本日の会議は議題が一つ、○○プロジェクトについて今後の詳細なスケジュールを

決める必要があります。そして報告事項が一つ、××についての進捗状況を情報共有するのが狙いです。会議時間は30分を予定しています」

このように当日の予定や時間といったアジェンダを説明しましょう。スライドを作成してもよいし、口頭で伝えるだけでもかまいません。参加者がスムーズな進行に協力してくれます。また、きちんと計画して準備しているという姿勢が伝わり、信頼感も得られます。

さらに、「今後の詳細なスケジュールを決める必要がある」「進捗状況を情報共有する」など、最初にこのオンラインで集まった目的をしっかりと言葉にしましょう。そうすることで、参加者は示された目的に合わせて自分の役割を考えながら積極的に参加します。

そもそも、集まってコミュニケーションを取るときの目的は3種類あります。

①情報共有

②議論

③人間関係構築

今回の目的は、この3つのうちどれに当てはまるのかをはっきりと伝えます。

ただ何となく集まって話し合いをするのは時間の無駄です。

「プロローグ」でもご紹介したオンラインで1兆5000億円の融資をまとめた三井物産の安永竜夫代表取締役社長は、

「共通理解のもとに話しアジェンダが明確であれば、ビジネス上のコミュニケーションはオンラインで問題ない」

と、アジェンダの重要性を指摘しています。共通理解のために、しっかりと目的とアジェンダを示しましょう。

CHECK

ルールを決めておき、最初に告知しておくとよい

2 所要時間は短く！

▼目的に合わせて時間を見積もる

オンラインでは時間の感覚が変わります（52ページ参照）。

オンラインでは、同じ時間でもリアルに比べ疲れを感じる方も多いようです。主催者として計画を立てるときはできるかぎり無駄を省き短い時間に設定し、効率的に進めましょう。

先に、176ページでご紹介したコミュニケーションを取るときの目的に合わせて所要時間を考えると、次のようになります。

・「①情報共有」だけなら15分
・「②議論」をする必要があるなら30分

・「②議論」の議題が2つ以上あるときは45分

リアルの場で会議を1時間行っていたからと、オンラインでも1時間に設定する必要はありません。リアルでは最初にアイスブレイクをしたり、同時に発言して盛り上げたりするという、「③人間関係構築」の目的もあるため、時間がかかりやすいのです。そもそも、人間関係を築きづらいオンラインでは、こうしたことに時間を費やすのは好ましくありません。**「①情報共有」と「②議論」の目的に絞り、凝縮したコミュニケーションをとりましょう。**

セミナーや講演など45分を超す長い時間で企画するときは、時間を15分ごとに構成します。教授型のセミナー・講演の場合は、目的が「①情報共有」に当たるため、15分が目安だからです。60分の講演・セミナーなら、冒頭やまとめを除く時間で15分のコンテンツを3つ入れる。90分の講演・セミナーなら、冒頭やまとめを除き15分のコンテンツを5つ入れる、ということです。

▼資料は事前に配布する

オンラインでの話し合いで、いきなり本題に入るために、**当日使用する資料は事前に配布するのが必須です。**主催者は説明を減らすことができます。参加者も事前に資料に一度目を通し、質問内容などを準備することができます。**全体時間が短縮できるうえに、活発な議論にもつながるのです。**

もちろん、当日までネタバレしたくない内容が含まれるケースもあるでしょう。そういうときは、事前配布資料に当日初めて見る表示資料を加えればいいだけです。「このスライドは事前に配布した資料にはなかった内容ですが」と前置きして話し始めることで、聞き手の注目を集めるという効果もあります。必要に応じて、事後配布資料として本番まで隠しておいたスライドを追加したバージョンを共有しましょう。

さらに、資料を見せるための画面共有の操作で時間をとらないように、事前にリハーサルをしておきます。

なお、発表者が複数いる場合、発表者各自で画面共有をすると発表者が交代するた

目的に応じて時間を見積もる

「①情報共有」だけ→ **15分**

「②議論」をする→ **30分**

「②議論」の議題が2つ以上ある→ **45分**

資料を事前に配布する

- すぐに本題に入れるように、事前に資料を配布する
- ネタバレしたくないときは、事後配布資料として、追加のスライドを準備しておくとよい

資料

びに時間がかかってしまいます。その間、聞き手も集中が途切れてしまいます。資料は事前に主催者が取りまとめておくとよいでしょう。資料の共有はすべて主催者が操作して表示すると時間短縮につながります。

CHECK

目的を明確にすると、多大な時間を使わずにすむ

3 構成は「15分単位」で考える

▼子ども向けの番組は短い内容の組み合わせ

人間の集中時間は15分が一つの目安です。オンラインでコミュニケーションを取るときは、時間を15分ごとに区切って全体の構成を考えましょう。オンラインなら15分は必要十分な長さです。**〈15分の進行例〉は191ページに示します。**

放送においても、NHK教育テレビでは一つの番組が短いものは5分。長いものでも15分。子どもの集中力が15分以上は続かないからです。

ちなみに『おかあさんといっしょ』は放送時間は24分と長めです。しかし番組の中は、体操や歌など3分ほどの短いコーナーを寄せ集めた構成になっています。

オンラインでは、このように15分、30分、45分と15分単位の内容を寄せ集めて構成します。

▶生産性を上げるために

**オンラインでは、
長い会議は開かずに短い会議を数回開く**

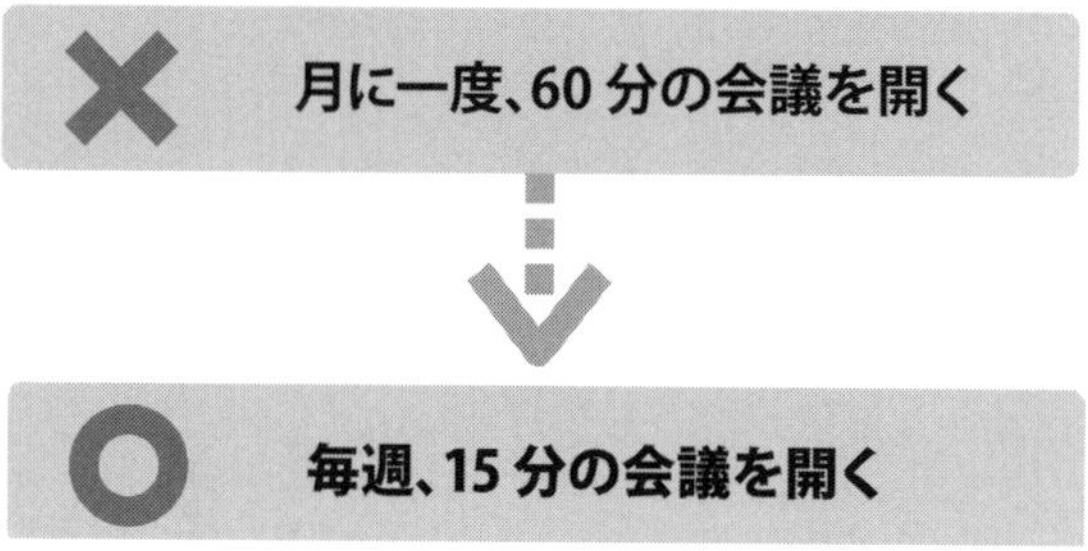
月に一度、60分の会議を開く
毎週、15分の会議を開く

オンラインでの長い会議は疲れて効率が悪くなってしまうだけです。

長い会議を1回実施するよりも、短い会議を複数回実施したほうがいいでしょう。

たとえば、リアルで月に一度、60分の定例会議を開いていた場合、オンラインでは、週に一度、15分の会議を毎週開くのです。同じ60分でも、60分を1回よりも、15分を月に4回開くほうが生産性が高くなります。

あるいは、メールで済ませられる議題は、わざわざオンラインで集まる必要もありません。すべてをオンライン開催にするのではなく、メール会議で済むことは文書で議決をとるようにします。集まることを重視するのではなく、いかに効率的に目的を達せられるか。

なお、同じメンバーで集まる定例開催の場合、主催者は初回だけリハーサルを行い、**オンライン時代の会議は、時間の量より「質」です。**

時間も初回だけ長めにとりましょう。長めに設定した時間内で、**ルール説明（169ページ参照）**を行います。次回以降は、ルールをチャットに記載するだけで口頭で説明する必要はありません。そうすることで、ディスカッションに集中し短時間で企画することができます。

▼最後は自然解散に

「何か質問はありませんか?」と司会から尋ねられたものの、オンラインだとわざわざ聞く感じがあり聞けずじまい。そんな経験はありませんか?

リアルであれば声をかけやすかったんだけど。他の参加者の前で尋ねるほどの質問でもないし、など遠慮もあるでしょう。

そうした簡単な質問やちょっとした一言を伝える時間を作ると、参加者の満足度が上がります。

177ページでお伝えした「③人間関係構築」が目的の一言を伝える時間を開始前か最後に設定します。開始時間10分ほど前からスタンバイしておく。あるいは、最後の時間を自然解散にしましょう。

「今日の内容は以上です。このあと事務局はこのまま少し残ります。質問など何かある方はお声かけください。何もない方はどうぞ退出してください。お疲れさまでした」と声をかけます。

すぐに退出する人、残って質問する人、他の人の質問を聞く人、雑談する人など、参加者は自分の希望に合わせて、都合のよいタイミングで退出します。

CHECK
長時間の会議は避け、15分の会議を複数回開く

4 「3部構成」で進めよう

▼3部構成で進める

ここでは、15分ミーティングの進め方を例にとって紹介します。15分は「①情報共有」が目的の場合に適当な長さです。**「①導入」「②本題」「③まとめ」の3部構成で進めます。**

①導入

導入時は、「一人一声出し」や「ルール説明」（169ページ参照）を心がけます。リーダーは出席をとるイメージで入室した人から順に声をかけていきましょう。それぞれの声かけの一例を紹介しておきます。

リーダー「Aさん、聞こえますか？　映像も見えますか？　本日はよろしくお願いします」

参加者A「はい、見えます。よろしくお願いします」

リーダー「Bさんも入室されたようですね。見えますか？　今日は○○について説明していただく予定ですね。よろしくお願いします」

参加者B「はい、皆さんからのご意見よろしくお願いします。開始時間まで一度、席を離れます」

② 本題

本題について話し始めるときは、次のように声をかけます。

「お時間ですので始めます。本日は報告事項が一つ、○についての進捗状況を情報共有するのが狙いです。時間は×時×分まで15分を予定しています。ご協力よろしくお願いします」

質疑応答や、意見を募るときは、リアルのように、一人の質問が終わった後で「他に質問はありませんか？」と順番に募ってはいけません。時間管理が難しくなります。最初にすべての質問を受け付けてしまいましょう。

「では、ただ今の説明に対し、ご質問やご意見のある方はいらっしゃいますか？　実際に手を挙げていただくか、反応ボタンでお知らせください。先にすべての質問を伺ってまとめて回答します。……（待つ）……○○さんと△△さんのお二人ですね。では、○○さんからお願いします」

③まとめ

時間になったら議論を集約してまとめましょう。

「予定のお時間ですので、ここまでに出た意見をまとめると……」

「本日ご質問のあった○○については、後日、議事録と一緒にメールで回答します」

その後、次回開催予定など業務連絡を告知してまとめます。議事録は、後日メールで配信し確認してもらいます。

CHECK

適切に声をかけることで、時間のムダをなくし進行できる

▶15分　情報共有ミーティングの進め方

00:00–00:03	**3分以内〈導入〉** ルール説明 一人一声出し	（同じメンバーでの開催時） ・開始時間前から随時「一人一声」出してもらう ・ルール説明はチャットに記入 → **時間短縮になる**
00:03–00:13	**10分間〈本題〉**	・情報説明　およそ5分 ・質疑応答　5分 →参加者は、意見などここで話す
00:13–00:15	**2分間〈まとめ〉**	・時間になったら、ここまでの議論を集約してまとめる ・業務連絡…次回開催予定などを告知してまとめる

00:00 | 00:01 | 00:02 | 00:03 | 00:04 | 00:05 | 00:06 | 00:07 | 00:08 | 00:09 | 00:10 | 00:11 | 00:12 | 00:13 | 00:14 | 00:15

自然解散

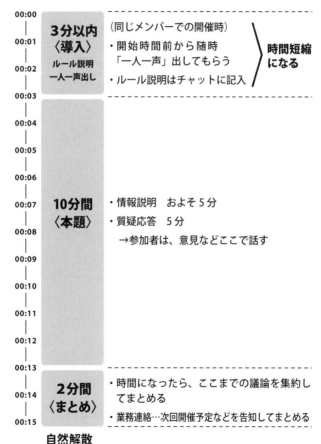

5 議題があるときは30分で

▼予想外の発言を想定しつつ、進めていく

ここでは30分ミーティングの進め方のコツについて見ていきます。**30分は「②議論」が目的の場合に適した長さです。時間配分の一例を197ページにまとめました。**

ここでも、15分ミーティングのときと同様に3部構成で進めます。

進め方や声かけの仕方は、15分ミーティングのときと基本変わりません。ただし、議論するなかでどのような発言が飛び出すかはわからないため、「①情報共有」のように予定通りには進めづらくなります。こまめに参加者に声をかけて、時間調整をしながら進行しましょう。では、一例を紹介しておきます。

①導入

「本日は議題が一つ、○○プロジェクトについて今後の詳細なスケジュールを決める必要があります。時間は×時×分まで30分を予定しています。ご協力よろしくお願いします」

時間通りに進行できるかは、主催者の力量が問われます。

時間が伸びてしまい「お時間がないので、今日はこの辺りで……」とまとめると、おざなりな印象を与えます。そもそも時間に余裕をもって企画をすることが大事です。

そのうえで、**当日「議論」部分で説明する担当者には、残り時間を「残り○分」と、チャットで表示しましょう。**

話しながらチャットを見る余裕がないかもしれないので、カウントダウンすることは事前に伝えておきます。このためのタイムキープ担当者をつけることが理想です。

②本題

質問は説明の途中でも随時チャットに書き込み可能というルール設定もできます。説明している人には話の途中で書き込みがあったときに、すぐに回答する必要はないことは伝えておきましょう。用意していた内容よりも話が増えると、予定時間を超過する危険性があるためです。回答は質疑応答のパートでまとめて行います。

質問者が複数いた場合、質問内容は全員先に聞きます。たとえば三人が質問・意見として手を挙げた場合、先に三人全員の内容を確認しましょう。重複説明を避けるためです。回答者は一人ずつに答えるのではなく、全員に対してまとめて説明します。

③まとめ

時間になったら議論を集約してまとめましょう。

議論がまとまるまで待つ必要はありません。時間優先です。

慣れないうちは議論がまとまらず時間切れになることも多いかもしれません。

しかし、オンラインのこの時間感覚に慣れることが必要です。短時間で生産性を上げるための話し合いの参加の仕方、準備の仕方を各自が工夫するようになります。諦めずに挑戦しましょう。


「本日結論の出なかった○○については次回、再検討します。次回までに意見をまとめてきてください」

「本日結論の出なかった○○については最終的な賛成か反対かをメール会議で伺います。各担当は部署の意見を取りまとめてご回答ください」

「今回、今後の課題として残った点は○○です。これについては、別に検討チームを立ち上げましょう。メンバー候補者には別途お声がけします。ご協力よろしくお願いします。検討チームで意見を取りまとめ、次回のこの場で再提案いたします」

▼次回の開催予定の伝え方

最後に、次回開催予定など業務連絡をしてまとめます。議事録がある場合は、後日メールで配信し確認をしてもらいます。

「次回開催は○月○日を予定しています。オンラインで行うか、リアルで行うかは一週間前を目処にご連絡します」

「次回予定されている議題は○○です。他に緊急の案件がなければ、オンラインで実施する見込みです」

CHECK

時間内に終えるために、声の掛け方を工夫しよう

▶30分ミーティングの進め方例

（議題が2つの場合）

資料は事前に配る。確認したうえで参加してもらう

00:00

5分以内〈導入〉
ルール説明
一人一声出し

（同じメンバーでの開催時）
- 開始時間前から随時「一人一声」出してもらう
- ルール説明はチャットに記入

→ **時間短縮になる**

00:05

20分間〈本題〉

〈議題1〉 10分
- 議題説明　およそ5分
- 質疑応答　5分
  →参加者は、意見などはここで言う

00:10

00:15

〈議題2〉 10分
- 議題説明　およそ5分
- 質疑応答　5分
  →参加者は、意見などはここで言う

00:20

00:25

5分間〈まとめ〉

次回開催予定などを告知する
- 議事録について後日メールで配信確認をしてもらう

00:30

自然解散

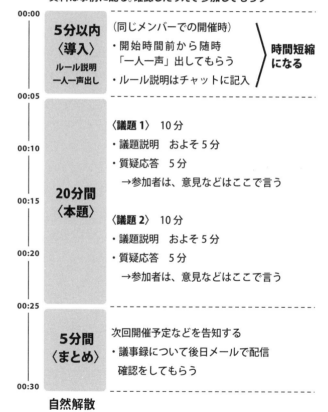

7章

リーダーシップもシフトする

リーダーの伝え方「8つのポイント」

1 オンライン時代のリーダーシップとは？

▼各国リーダーが比較される時代に

オンライン時代、リーダーは常に比較されます。これまでは複数のリーダーが、同時期に同テーマでスピーチして比較されるということは、ほとんどありませんでした。あるとしてもサミット・主要国首脳会議など特別な場に限られており、あからさまに比較されることはありませんでした。

しかし、**これからはオンラインによって、リアルタイムで比較されてしまいます。**

まさに２０２０年のコロナ禍がそうでした。ＷＨＯ・世界保健機関に、最初に新型コロナウイルス感染症について報告がなされたのは、２０１９年12月31日。中国・武漢での発症に始まり、翌年2月には世界中で感染拡大となったのはご存知の通りです。

これを受け、連日、世界中のメディアから、各国のリーダーが会見する様子が届きました。日本でも、首相はもちろん都道府県や市町村の首長、企業トップ、アスリートや著名人など各界のリーダーがメッセージを発信しました。

▼冒頭でキーワードを使う

このような状態は「スピーチ」という視点からだけみると、世界大戦時と同じ現象が起きていたともいえます。ドイツのヒトラーの演説や映画にもなったジョージ6世の「英国王のスピーチ」など、時のリーダーがスピーチによって群衆を動かしていた時代です。しかし、コロナ禍のスピーチが世界大戦時と大きく違った点があります。それがこの「比較」です。

オンラインによって、同じ時期に同じテーマで日本の首相と東京都知事と大阪府知事が話す姿を比較できるようになりました。**それぞれのリーダーのメッセージを聞いた私たちは、それぞれの実力を無意識に比較します。比較したあと、どうなるのか？人々はより良いリーダーのもとに集まります。**

オンライン時代のリーダーシップは、これまで以上にリーダーを比較し、より良いリーダーのもとに人が集まるようになる。

これは政治だけでなく、ビジネスレベルにまで及ぶ可能性が大いにあります。

では、どう伝えれば、比較される中で選んでもらえるのか？

コロナ禍で比較され、評価されたリーダーたちの伝え方を「8つのポイント」にまとめました。

ポイント①相手に合わせて言い方を変える
ポイント②あえて言葉にする
ポイント③お願いではなく、「約束」する
ポイント④プライベートの「弱さ」を見せる
ポイント⑤未来を予言する

ポイント⑥「共通の成功体験」を語る
ポイント⑦定義する
ポイント⑧数字・データを入れる

私たちも日常の会話ですぐに使えるものばかりです。どれか一つを選んで使うのもよし、いくつかを一緒に合わせ技として使うのもよし。

自分だったら、いつどこでどんなふうに使うか想像しながら読んでください。

CHECK

各国リーダーの優れた話し方を取り入れよう

2 相手に合わせて言い方を変える

▼キーワードは冒頭で言う

「STAY HOME」というキーワードをうまく使ったのが東京都の小池知事です。

1都3県は、2020年4月25日から5月6日までの12日間を「いのちを守るSTAY HOME週間」として外出自粛協力を呼びかけました。4月23日の「STAY HOME週間」について発表した会見では、冒頭からこのキーワードを使っています。

「今年もいわゆるゴールデンウィーク、大型連休が近づいて参りました。残念ながら今年はゴールデンというわけにはは参りません。お家にいてください。〈STAY HOME週間〉とせねばなりません。そこで大型連休におけます新型コロナウイルス感染症対策について、東京都としての会見をさせていただきます」

冒頭で何を言うのかは、とても重要です。聞き手が一番注目して聞いているのが冒頭だからです。冒頭ではキーワードを言いましょう。こんな感じです。

「こんにちは。今日は、【キーワード】についてお伝えします」

テレビのニュースをイメージするとわかりやすいでしょう。一つ一つのニュースでは、冒頭でアナウンサーが顔を出してニュースの概要を伝えます。その後VTRが始まり、詳細を説明します。このアナウンサーの顔が映っている冒頭部分を「リード」と言います。**リードにキーワードを入れると、聞き手に話のポイントが明確に伝わります。**

キーワードを作って繰り返し何度も伝えることは、これまでも多くのリーダーがやってきた伝統的なスピーチ手法です。古くは1963年、アメリカのキング牧師が、「I Have a Dream（私には夢がある）」というキーワードで人種差別撤廃を訴えました。同じくアメリカの第44代大統領オバマ氏は「Change」と「Yes, We Can.」がキーワードでした。

▼聞き手に合わせて、言葉の使い方を変える

オンラインで伝えるときは、キーワードを作るだけでは不十分です。相手によってキーワードを変える必要があります。オンラインは、使う媒体によって見ている人の層が違うからです。キーワードも媒体ごとに変える柔軟さが必要です。

小池都知事は、この点が非常に長けています。聞き手に合わせてキーワードや言葉の使い方を巧みに変えているのです。

小池都知事の会見で、新型コロナ感染症の話題が初めて出たのは2020年1月17日でした。では、「STAY HOME」というキーワードを初めて使ったのはいつだったのか。

それは3月27日の記者会見です（「STAY AT HOME」と表現）。このときの会見で発表されたＰＲ動画では「密閉・密集・密接している場所を避け、不要不急の外出、

特に夜間の飲食を伴う外出は控えましょう」と呼びかけています。この段階では、「3密」をキーワードにしていたのでしょう。

その後、「3密」から「STAY HOME」にキーワードを変えたのではないかと考えられます。

なぜキーワードを変えたのか。それは、伝えたい相手にキーワードを合わせたからでしょう。

では、いつキーワードを変えたか。それは、初めて「STAY AT HOME」と言った3月27日の会見から、4月23日の「STAY HOME 週間」発表の会見までの間です。私の推測では4月10日です。

この日は、小池都知事が YouTube の「Hikakin TV」に出演した日。この番組がきっかけでキーワードを「STAY HOME」に変えようと作戦変更したのではないでしょうか。

「先日ね、国の方がですね、緊急事態宣言っていうのを出したんですね。（中略）それをお願いしてる中で一番大きいのはね、『お家にいましょう』ってことなんです。『STAY HOME』ということで。（中略）
とはいえね、お買い物とか必要なものありますよね。歯ブラシ買いに行くとかね。そういったの、コンビニとかは開いてますから、日常品で必要なもの、食料品などね、それをお買い物に行くということには、これ問題ありません。
だけど基本は、『お家にいてね』っていうことなんですね。それからこないだHIKAKINさんが皆さんに伝えてくれた3つの密っていうのがありまして、密集、それから密閉・密接。この3つの密を避けましょう、ということで、だからすごく密閉した狭いお部屋でたくさん人がいて、そしてみんなで話して、いわゆる飛沫っていうのが飛んだりするような場所は避けてねっていうことなんですね」

この「Hikakin TV」出演の6日前、東京都では1日あたりの感染者数が初めて100人を超えました。感染者数が急増加した原因の一つが、若い世代への感染拡大だとされていました。

そうした背景もあって小池都知事は、若者に影響力がある「Hikakin TV」の出演依頼を受けたのでしょう。この動画は若者に大きな反響を呼び、1日で580万回再生されました。**若い世代に感染拡大防止を呼びかけるという狙いは成功したのです。**

しかも、多くの意見が都知事に好意的でした。書き込みの一例を紹介します。

「小池都知事ってこんなに柔らかい方だったんだ。いい人なんだな。すごく親近感湧いた」

「柔らかく伝えてくれる小池都知事優しさが沁みる」

「買い物で一番最初に出てきたのが歯ブラシの都知事ちょっとかわいい」

この時期すでにTwitterでは「STAY HOME」というハッシュタグが始まっていました。そのせいか**視聴者の反応は、「3密」よりも「STAY HOME」という言葉の方が良かったようです。**

そこで、キーワードを「3密」だけではなく、特に若者には「STAY HOME」に切り替えたのではないでしょうか。

大人に対するキーワードは「3密」で十分だった。**しかし、若者には「3密」より「STAY HOME」とキーワードを変えたわけです。**このように、媒体によってキーワードを変える柔軟な切り替えがオンラインでは重要です。

▼優れた言葉の使い方

このYouTube出演は、好感度が上がった成功事例です。その要因の一つは、小池都知事がキーワードだけでなく、**若者に合わせて言葉遣いも変えたことでしょう。**

「緊急事態宣言を出した」ではなく「緊急事態宣言っていうのを出した」

「漢字では緊急事態って言うんですけどね」。

こうした言葉遣いが、若者の「緊急事態宣言」への距離感をよく捉えています。

相手に合わせて言葉を変える。私たちが真似するときは、定型文で覚えましょう。

定型文①「○○ということなんです」
定型文②「いわゆる○○ですが」

小池都知事は、

「『お家にいましょう』ってことなんです」

「『基本はお家にいてね』ってことなんですね」

「『避けてねー』ということなんですね」

というように、いつもと違う柔らかい口調で語りかけたあと**「ということなんです」をつけ加えています。**相手に合わせた言葉のあとに「ということなんです」をつけると、自分も違和感なく、相手に合わせた言葉を話すことができます。


定型文二つ目の「いわゆる○○ですが」は、○○に相手が使わない言葉、または反対に相手が使う言葉を入れます。小池都知事のこの発言がその例です。

「みんなで話して、いわゆる『飛沫』っていうのが飛んだりするような場所は避けて

ねっ、て、い、う、こ、と、な、ん、で、す、ね」

相手に合わせて変えるのは、言葉遣いだけではありません。話す内容も同じです。

買い物の例として「コンビニで歯ブラシ」をあげたのは、若者に合わせた配慮でしょう。相手に合わせて変えているか、いつも同じことだけを繰り返し話しているか。この違いが大きな差につながります。オンラインで好感度を上げたい。人を惹きつけたい。そういうときは相手に合わせてキーワード、言葉、内容を変えると効果的です。

CHECK

聞き手の年代などを踏まえて、話す内容や言葉を選ぶ

3 あえて言葉にする

▼しっかり言葉にしないと伝わらない

日本人は、いわゆる「ハイコンテクスト」と呼ばれるコミュニケーション方法をとります。共通の認識や価値観が多いため、言葉にして伝えなくてもお互いに察しあうことでなんとなく通じるという文化です。そのため直接的表現よりも、あいまいな表現を好みます。

しかし、オンラインでの伝え方は、この逆の「ローコンテクスト」です。雰囲気でなんとなく察して、という理屈は通りません。あくまで言語によるコミュニケーションを重視します。欧米人のコミュニケーション方法と同じです。**直接的でわかりやすい表現が好まれます。**そのため、日本語で言うと少しわざとらしい気がするようなことも、オンラインでは、はっきりと言葉にして伝える必要があります。

その中でもしっかりと言葉にしていただきたいのが「感謝」と「共感」です。

オンライン時代のリーダーは、メッセージの中で、社員へ、部下へ、お客様へ、地域の方々への「感謝」と「共感」の言葉を入れましょう。照れてはいけません。

これは、口で伝えるときだけでなく、メールやＳＮＳなどの文章でも同じです。**コロナ禍で、この「感謝」と「共感」をうまく伝えたのはドイツのメルケル首相でした。**

▼「感謝」を伝える

ドイツ・メルケル首相のテレビ演説は、文章構成や話の内容という言語情報の良い手本です。話の中でしっかりと「感謝」と「共感」を伝えています。まず「感謝」から見ていきましょう。

「この機会に何よりもまず、医師、看護師、あるいはその他の役割を担い、医療機関をはじめ我が国の医療体制で活動してくださっている皆さんに呼びかけたいと思い

ます。皆さんは、この闘いの最前線に立ち、誰よりも先に患者さんと向き合い、感染がいかに重症化しうるかも目の当たりにされています。そして来る日も来る日もご自身の仕事を引き受け、人々のために働いておられます。皆さんが果たされる貢献はとてつもなく大きなものであり、その働きに心より御礼を申し上げます」

「感謝」は、コロナ禍で世界中のリーダーが必ず伝えた言葉です。日本でも、緊急事態宣言解除時（２０２０年5月４日）に安倍元内閣総理大臣が感謝を伝えています。

「我が国では、緊急事態を宣言しても、欧米のような罰則を伴う強制的な外出規制などはできません。それでも、感染の拡大を回避し、減少へと転じさせることができました。これは、国民の皆さま、お一人お一人が強い意思を持って、可能な限りの努力を重ねてくださった、その成果であります。協力してくださった全ての国民の皆さまに心から感謝申し上げます」

▼メルケル首相の演説が支持された理由

とくにメルケル首相が人々の支持を集めた理由は、その「感謝」がありきたりな感謝ではなかったからです。

「感謝される機会が日頃あまりにも少ない方々にも、謝意を述べたいと思います。スーパーのレジ係や商品棚の補充担当として働く皆さんは、現下の状況において最も大変な仕事の一つを担っています。皆さんが、人々のために働いてくださり、社会生活の機能を維持してくださっていることに、感謝を申し上げます」

あるニュースサイトでは、こんなタイトルでこのスピーチのことを伝えていました。

「『普段感謝されない人たちへ』メルケル首相の演説に、国内外から賞賛の声」

あなたの周りにも、普段はスポットライトが当たらず感謝されていない人たちがいませんか。そういう人たちへの「感謝」をぜひ伝えましょう。自分の周りの「ありきたりではない感謝」とはなにか、ぜひ考えてみてください。

▼「共感」する

次に、「共感」です。メルケル首相の演説を紹介します。

「たとえ小旅行であっても、イースター休暇中にドイツ国内の湖や山、親戚を訪ねてはいけません。とても辛いですね。わかります。私たちは好きなときに好きなだけ移動し、旅をし、したいことをするのに慣れています。私たちの自由な人生の基本です」

「皆さんのなかには、『もう2週間も規制に従っている。あとどれくらい続くんだ？』と思う人もいるでしょう。わかります」

この演説の中で出てきた、次のフレーズはぜひ使いましょう。

定型文③「○○と思う人もいるでしょう。わかります」

相手が言いそうなこと、相手が思っていそうなことを「○○と思う人もいるでしょう」と先回りして伝えます。すると相手は、「このリーダーは自分のことをきちんとわかってくれている」と信頼します。

「オンラインでは相手に親身になっていることが伝わりづらい」という悩みを聞くことがあります。そんなときは、ぜひ「共感」を伝えましょう。

オンラインだからこそ、はっきりと「わかります」といつも以上に「共感」を言葉にするのです。

とはいえ、「わかります」は、日本語で言うとわざとらしいと抵抗感がある方もいるでしょう。そんな方には前述の緊急事態宣言解除時の会見での安倍元首相の「共感」フレーズをお勧めします。

「感染の恐れを感じながら、様々な行動制約の下での生活は緊張を強いられるものです。目に見えないウイルスに強い恐怖を感じる。これは私も皆さんと同じです」

「私も皆さんと同じです」

「そう思ってしまいますよね、実は私もなんです」

これだと言いやすいですね。自分にとって自然に言葉にできるフレーズを用意しておきましょう。

CHECK

オンラインでは、「感謝」と「共感」をしっかり言葉にする

4 お願いではなく、「約束」する

▼リーダーはお願いばかりするな

メルケル首相が「感謝」「共感」のあとに最後に伝えた内容は「約束」でした。

「政府は、経済的影響を緩和し、特に雇用を維持するため、あらゆる手段を尽くす考えであり、このことを私は皆さんにお約束します」

「私が皆さんにお約束できるのは、連邦政府を頼ってくださいということです。私も昼夜問わず、どうすれば皆さんの健康を守りながら、元の生活を取り戻すことができるかを考えています」

こうして文章を読んでみると、さすが「ドイツのお母さん」と呼ばれているメルケル首相。まさに、いわゆる「肝っ玉母さん」のリーダーシップですね。

定型文④「私が皆さんにお約束できるのは○○ということです」

定型文⑤「××することを私は皆さんにお約束します」

このように、ここぞというときリーダーは「約束する」のです。「お願いする」のではありません。「お願い」ばかりでは、弱いのです。

ある新聞記事では、コロナ禍の日本の首相会見について「首相会見8回で『お願い』73回」という見出しで報道していました。

「皆さんには大変な苦労をおかけしますが、改めてご協力をお願いします」などと、つい「お願い」ばかりしてしまっていないか振り返ってみましょう。

▼「結果」ではなく「経過」を約束する

とはいっても「約束が果たせなかったら批判されないか心配になるかもしれません。約束できる内容は、「結果」や「成果」だけではありません。「経過」や「自分の態度」でも立派な「約束」です。

たとえば、いくら部下の要望とはいえ、予算増額という「成果」を約束するのは難しいという場合。「予算増額を経営陣に依頼することを約束する」という「経過」、または「予算増額を応援することを約束する」というあなたの「態度」なら、約束できませんか。

▼「意図」を信頼してもらう

信頼には2種類あります。「能力」への信頼と「意図」への信頼です。

相手にその約束を成し遂げる「能力」「実力」があるから信頼する、というのが「能力」への信頼。この例では、「この上司なら予算増額を勝ち取ってくれるはず」という信頼です。

一方、「意図」への信頼とは、相手にその約束を成し遂げようとする「意図」があるから信頼する、ということです。例では、「この上司なら予算増額のために経営陣と戦おうとしてくれるはず」という信頼です。相手から「意図」への信頼を感じてもらえるような約束すらできないのであれば、残念ながらリーダー失格ではないでしょうか。

▼結果ではなく、物事への向き合い方を約束する

あらためてメルケル首相のスピーチを見てみると、「政府は経済的影響を緩和し、特に雇用を維持する」という「結果」を約束はしていません。

「政府は、経済的影響を緩和し、特に雇用を維持するため、あらゆる手段を尽くす考えであり、このことを私は皆さんにお約束します」と政府の「態度」としての考えが

あることを約束しているのです。

自分がリーダーとして約束できることは何か。

「結果」なのか、「経過」なのか。

どちらでもかまいません。

「約束する」という毅然とした態度に、周りがついて来るです。

▼ANA平子裕志氏の名スピーチ

新型コロナウィルスの影響を大きく受けたある企業のトップが、力強い「約束」を発信しました。ＡＮＡ全日本空輸株式会社の平子裕志代表取締役社長の動画メッセージがそれです。２０２０年6月、「ANA Care Promise」と題した、感染症予防対策の取り組みを説明するおよそ3分の動画を公開しました。動画は飛行機の機内で流れたほか、ＡＮＡのウェブサイトやYouTubeから視聴できました。

「これまでの常識が様変わりした2020年ですが私たちANAの願いは、ただ一つ。皆さまに空の旅をご利用いただくときには今までと変わらない快適さや楽しさを今まで以上の安心とともにご提供したいということです。この度ANAは、新しい一歩として『ANA Care Promise』をスタートいたしました。これはANAがご提供する空の旅の新しいスタンダードでありお客様とのお約束です」

冒頭で、「新しいスタンダードでありお客様とのお約束です」と「約束」という言葉をはっきりと口にしています。このような「約束」をした後で、機内や空港での新型コロナウイルス対策を「説明」。その後、「私から皆さまにお願いがございます」と切り出し、乗客にマスクの着用やソーシャルディスタンスの確保を求める「お願い」を伝えています。

「約束」→「説明」→「お願い」

この最強3点セットです。
「お願い」だけをするのではなく「約束」をする。
「お願い」をしてから「約束」をするのではなく、
「約束」をしてから「お願い」をする。
有事の際のリーダーシップはかくあるべしという手本です。

CHECK

有事の際、約束するリーダーは信頼される

5 プライベートの「弱さ」を見せる

▼ジョンソン首相の名スピーチから学ぶ

イギリス・ジョンソン首相のスピーチは、力強さが印象的です。

2020年3月23日のテレビ演説で、

「過去何回も英国民がしてきたように、英国民はそうした難題に対して立ち上がるということを自分は知っている。そして我々はかつてない力強さで、この脅威を乗り越える。コロナウイルスを打ち破り、それを一緒に成し遂げる」と、勢いよく語りかけました。

しかし、このスピーチの3日後、ジョンソン首相自身の感染が確認されます。一時は集中治療室に入るほど重篤な状態だったと言われていますが、無事に退院し公務に復帰。注目したい伝え方は、退院後に自身のTwitterに載せた動画メッセージです。

「1週間の入院を終え今日退院しました。まぎれもなくNHS（国民保健サービス）のおかげで命拾いしました。どれほど恩に着ているかなかなか言葉になりません。トップクラスの医師団に感謝します。男女ともになぜか数人は「ニック」という名前で数日前に決定的に重要な決断をしてくれて、そのことに一生感謝し続けます。素晴らしい看護をしてくれた大勢の男女の看護師たちにも感謝します。

何人か名前を言いそびれると思うので申し訳ないけれど、ポリン、シャノン、エミリー、エンジェル、コニー、ベッキー、レイチェル、ニッキー、アン、皆さんに感謝します。そして迷惑じゃないといいのですが、特に2人の看護師の名前を挙げたい。状態がどちらへ転んでもおかしくなかった48時間、枕元にずっと常駐してくれた。ニュージーランド出身のジェニー、正確に言うと南島のインヴァカーギル出身の、そしてポルトガルのポルト近くから来たルイスです。最終的に僕の体に十分酸素が行き

渡り始めたのは、一晩中ずっと1秒も欠かすことなく2人が僕を見守ってくれたからです」

先にご紹介した会見時の力強さと比べ、このメッセージは彼の弱さ、人間らしさが際立ちます。弱い部分を正直に伝えることは、聞いている人に共感を与え、リーダーに対する心理的な距離が近くなる効果があります。

「このリーダーも自分と同じ一人の人間なんだ」という親近感を持つのです。

この「弱さ」を開示した媒体がTwitterであることもポイントです。媒体を使い分けているのです。**力強い内容はテレビ演説で伝え、弱い内容は個人のTwitterで伝える。**

気づいた方も多いでしょう。**大勢の個人名を羅列することもポイントの一つです。**リーダーが個人名を一人、一人、口に出す。そして感謝する。ここで名前を挙げられた人たちは一生記憶に残しますよね。「自分が首相の命の恩人だ」と子供や孫に代々語るかもしれません。

実は、ジョンソン首相は退院から17日後、息子が生まれています。その息子に「ニック」と名付けたと公表されています。先ほどのメッセージの中で担当医師の何人かがニックという名前だったと語っていました。そのニックです。

このようなプライベートな一面を伝えることで、立場的にどんなに距離の離れたリーダーであろうとも、聞き手は自分に近い人と感じるようになります。

「このリーダーは自分と近い感覚をもった人だ」と信頼し、メッセージに耳を傾けやすくなるという効果があるのです。

▼ビジネス場面での使い方

この方法を私たちが真似するときは、初めて会う人や立場や年齢にギャップを感じる相手に使えます。

たとえば、若い世代の相手とのジェネレーションギャップを埋めたいとしましょう。

最新のスマートフォンを買ったり、アプリを入れたりして、「こういうの全くわからないアナログ派なんだよね。教えてくれないかな」と弱さを見せる。そして使えるようになったら、

「○○君が私のデジタル分野の先生なんだよ」

とみんなの前で自分の弱さを伝えて、相手を立てて紹介する。

強いメッセージばかりがリーダーのメッセージではありません。

これからのリーダーは、あえて弱さを見せていくことも魅力の一つです。

CHECK

「力強さ」だけでなく、「弱さ」を見せると親近感を持たれる

6 未来を予言する

▼エリザベス女王の名スピーチから学ぶ

イギリスのエリザベス女王が、2020年4月5日ウインザー城からテレビ演説を行いました。エリザベス女王がクリスマス以外に国民に向けてスピーチを行うのは珍しいと言われています。このニュースを見たとき、映画「英国王のスピーチ」を思い出した方も多かったことでしょう。吃音、いわゆる、どもりに悩まされていたジョージ6世と、その治療にあたった言語療法士の友情を歴史に基づいて描いた映画です。この当時は、ラジオの普及や世界大戦の勃発などにより、国王が自分の言葉で語りかけることで国民の士気を鼓舞して尊敬を集めた時代でした。

今回のエリザベス女王のスピーチを見たとき、まさに現代の「英国王のスピーチ」。

ウイルスという見えない敵との戦いだという緊張感がありました。

この現代版の「英国王のスピーチ」ともいえるエリザベス女王のスピーチでは、未来について「予言」しています。

リーダーは「過去」や「現在」ではなく、「未来」を語る。

しかし、未来を「語る」だけではまだ弱いのです。

「予言」として未来を言い切るのです。


「私たちは成功するでしょうし、その成功は全員のものになるでしょう。耐えるべきことはまだありますが、きっとより良い日々が戻ってきます。再び友人たちや家族と一緒に過ごせるでしょう。私も再び皆さんに会えるでしょう」


女王は、こう「予言」しました。

誰にも先が見えない。そんな不確かな状況の中で、上に立つ者が未来を予言し、断言する。そこに強いリーダーシップを感じます。

たとえ、オンラインという話した内容が記録として残る場であっても逃げずに断言する。

その腹を括った態度に、聞いている人は安心感と信頼感を覚えます。

「将来この困難を振り返ったとき、今の私たちの行動を誇りに思えるよう願っています。

そして後世の人から「やはり英国人は強かった」と言われるように人々の自制心と明るく強い意志そして連帯感がこの国の強みです。私たちが何者かという誇りは、私たちの過去に由来するものではなく、私たちの未来を決定づけるものなのです」

聞き手のプライド、誇りを持ち出してきた、スケールの大きな予言です。このように大きな予言は聞き手を団結させる力もあります。

あなたの立場で、予言できることはなんでしょうか。

自分の権限で、責任をもって断言できることはなんでしょうか。
本書は私にとっての「予言」です。
「オンライン・シフトで人のコミュニケーションが大きく変わる」という予言です。
あなたの専門分野で未来を予言するとしたら？　ぜひ考えてみてください。

CHECK
腹を括った「予言」に、人は心を動かす

7 「共通の成功体験」を語る

▼やる気や団結を生む

2020年4月7日、日本の安倍元首相は緊急事態宣言を発出しました。この会見での真似したいポイントは、「共通の成功体験を語る」です。

「9年前、私たちはあの東日本大震災を経験しました。たくさんの人たちがかけがえのない命を失い、傷つき、愛する人を失いました。つらく、困難な日々の中で、私たちに希望をもたらしたもの、それは人と人の絆、日本中から寄せられた助け合いの心でありました。今、また私たちは大きな困難に直面しています。

しかし、私たちはみんなで共に力を合わせれば、再び希望を持って前に進んでいくことができる。ウイルスとの闘いに打ち勝ち、この緊急事態という試練も必ずや乗り

越えることができる。そう確信しています」

東日本大震災の経験を乗り越えたことを私たち日本国民の「共通の成功体験」として語り、メッセージを締めくくりました。

共通の成功体験を語る手法も、世界中のトップリーダーがよく使う方法です。

たとえば「リーマンショックを乗り越えた私たちならできる」「あのときの問題を解決した私たちならできる」という使い方です。

聞き手と一緒に乗り越えた成功体験を思い出してもらうことで、チームの結束を固めます。相手のやる気に火をつけることもできます。

メッセージを伝えたい人と、一緒に何か成功した体験はありませんか?

どんな小さなことでもかまいません。むしろ、大げさなことではなく、小さなことのほうが、かえって「今回もまたうまくいく」とハードルを低く感じるでしょう。
もし成功体験がないときは、一緒に何かに取り組むところから企画するとよいでしょう。

CHECK

メンバーの団結力を高める共通成功体験を

8 定義する

▼意味づけすることで、進む道が見えてくる

同じく安倍元首相によるコロナ禍の演説で素晴らしかったのは、5月4日緊急事態宣言の延長についての記者会見です。

「3つの密を避けることを大前提に、新たな日常を国民の皆さんと共につくり上げていく。5月はその出口に向かって真っすぐに進んでいく1カ月です。同時に、次なる流行の恐れにもしっかり備えていきます。その守りを固めるための1カ月でもあります」

「出口に向かって真っすぐに進んでいく1カ月」「守りを固めるための1カ月」と定

義しているのがポイントです。

日々「STAY HOME」をしながら今までと違う日常を過ごし、何だか意味のない無駄な時間を過ごしてしまったように感じている人たちもいたかもしれません。

そういう漠然とした不安感をもつ人々に対し、「無駄ではなく、こういう意味がある」と意味づけをしてあげるのです。

リーダーが定義することで、これから先の未来に対し道標が作られます。これで聞き手は安心して進むことができます。とくに先の見えない状況、混乱している状況のときには、「これにはこんな意味があるんだ」とリーダーが定義し意味づけをするのは効果的です。

未来だけでなく、過去や現在のことでも同じ効果があります。

状況に応じて、次のフレーズを上手に活用してみてください。

定型文⑥（未来）「これからの1カ月は○○する1カ月になる」

定型文⑦（過去）「私たちがやってきた○○は、この会社にとって△△という
ことにつながっている」

定型文⑧（現在）「今、私たちがやっている○○が、将来この業界にとって
歴史を変える一幕になる」

CHECK

未来、過去、現在について、
新しい視点で意味づけしてみよう

9 数字・データを入れる

▼クオモ知事の支持率が上がった理由

コロナ禍で評価を上げたリーダーといえば、アメリカ・ニューヨークのクオモ知事。ロックダウンという不自由を強いたにもかかわらずニューヨーカーから熱い支持を集めたリーダーです。

２０２０年3月末に行われた世論調査では、回答者の87％が知事のコロナ対応を支持しました。知事を好意的に見るニューヨーカーの数は、同年2月は44％だったのが3月には71％と急上昇。**その好感度の高いクオモ知事の伝え方のポイントが「数字・データを入れる」です。**

1回の会見における数字やデータの量が多いのが特徴です。

たとえば、4月28日の会見で示した数字・データは、「入院しているコロナ感染者の数の推移」「入院者数の1日あたりの増減」「人工呼吸器を必要とする人の1日あたりの増減」「1日に入院する人の数」「抗体検査の暫定的な報告」など。

これでもか、これでもかと数字・データをスライドで見せます。

「隠していませんよ」「すべて開示しますよ」という姿勢です。

これは、謝罪会見の場面でも望ましい伝え方です。**数字・データという事実をすべて開示するという姿勢は信頼感を生みます。**

「オンラインでも相手に安心感を与え信頼される話し方を知りたい」という質問をいただきます。その答えが、この数字・データを語ることです。

また、**数字・データを示した上で、これまでにお伝えしたポイントを一緒に組み合わせて使うこともお勧めです。**

クオモ知事も、数字・データを示した上で、これまでご紹介してきた他のポイントも一緒に使っています。ポイント⑥「共通の成功体験を語る」では、２００１年の

9・11アメリカ同時多発テロ事件から立ち上がったニューヨークの経験を語り掛けています。

さらに、ポイント④「プライベートの弱さを見せる」では、会見の中でCNNでキャスターを務めている弟が新型コロナウイルス感染と診断されたことについてコメントしました。そして、彼が数字・データと一緒に伝えた中でも秀逸なのが、ポイント①でご説明した「キーワード」でした。

ロックダウンから2日後、3月24日のクオモ知事の記者会見の一部を紹介します。

“We are New York Tough　We are tough
You have to be tough　This place makes you tough
But it makes you tough in a good way.”

「(日本語訳)ニューヨークはタフ(不屈)です。なぜなら我々がタフだからです。我々

はタフでなくてはなりません。ニューヨークは我々をタフにしますが、それはこの場所が良い意味であなたをタフにするからです（後略）」

「New York Tough」。

これが、クオモ知事がこの戦いに勝つために作ったキーワードです。

ロックダウンが始まって2日後、このメッセージを聞いたニューヨーカーの間では、このキーワード「New York Tough」を合言葉にみんなが一致団結したのです。

YouTubeで「New York Tough」と検索してみてください。クオモ知事のスピーチ音源とNYの街や人々を組み合わせたいろんな映像が出てきます。

リーダーの言葉がムーブメントを起こした事例です。

▼スピーチは〝パクって〟OK

リーダーが比較されるオンライン時代だからこそ、あなたもお伝えした8つのポイントを取り入れて、選ばれるリーダーを目指しましょう。

「こうした有名人のフレーズを真似したら、それこそ比較されてオリジナルではないと批判されるのでは?」と心配している方もいらっしゃるでしょう。

スピーチの世界では、〝パクリ〟はOK。むしろ推奨されています。

欧米では、スピーチに聖書の一節を入れたり、シェイクスピアなど古典の一節を入れたりする手法は、むしろ教養があるという隠れたメッセージにもなるからです。「あのスピーチを知ってわざと真似ているのだな」と信頼感が増す傾向があります。

堂々と真似しましょう。

リーダーの言葉の重要性がますます高くなる。
それが、これからのオンライン時代です。

CHECK

名スピーチを真似して、
伝える力を磨いていこう

【参考・引用文献一覧】

朝日新聞デジタル.“首相会見8回で「お願い」73回　打ち切る理由も用意？」”.2020/5/27.https://www.asahi.com/articles/ASN5V7JNDN5VUTFK00M.html.（2020/09/20）

ウォール・ストリート・ジャーナル日本版.“クオモNY州知事、支持率急上昇 新型ウイルス対応を評価”. 2020/3/31.https://jp.wsj.com/articles/SB12330602402449414227004586293430855631822.（2020/09/20）

エキサイト・ニュース.“オンライン授業中の大学教授、とんでもないブックマークを晒し解雇 処分の厳しさに同情の声も”. 2020/5/11.https://www.excite.co.jp/news/article/Real_Live_200023298/.（2020/09/20）

エキサイト・ニュース.“「普段感謝されない人たちへ」 メルケル独首相の演説に、国内外から称賛の声”.2020/3/26.https://www.excite.co.jp/news/article/Grape_805138/.（2020/09/20）

大森慈子・山田冨美雄・宮田洋（1997）. 対人認知における瞬目の影響, 社会心理学研究,12(3),183-189.

クーリエ・ジャポン.“「ZOOM会議が疲れる」のには理由があった――画面越しには伝わらない“大切なもの”って？”. 2020/5/27.https://courrier.jp/news/archives/200725/?ate_cookie=1593105389.（2020/09/20）

クーリエ・ジャポン.“【全訳】メルケル首相、自宅隔離から復活のスピーチ「“その後”は必ず訪れます」”.2020/4/9.https://courrier.jp/news/archives/196465/.（2020/09/20）

在英国日本国大使館HP.“新型コロナウイルスに関するジョンソン英国首相スピーチ（3月23日）”. 2020/3/24.https://www.uk.emb-japan.go.jp/itpr_ja/Corona_Speech.html.（2020/09/20）
佐々木美加（2005）「協調か対決か―コンピューターコミュニケーションの社会心理学」ナカニシヤ出版.

佐藤利喜夫（1967）. 映像電話における撮像管の位置に関する検討, 昭和42年電気四学会連合大会講演論文集 ,IV-1998,2316. 下山 晴彦他（2014）「誠信心理学辞典 [新版]」誠信書房.

首相官邸. “令和2年4月7日新型コロナウイルス感染症に関する安倍内閣総理大臣記者会見”.2020/4/7.https://www.kantei.go.jp/jp/98_abe/statement/2020/0407kaiken.html.（2020/09/20）

首相官邸. “令和2年5月4日新型コロナウイルス感染症に関する安倍内閣総理大臣記者会見”.2020/5/4.https://www.kantei.go.jp/jp/98_abe/statement/2020/0504kaiken.html.（2020/09/20）

杉谷陽子（2008）. 電子メディアによる情報伝達の研究：コミュニケーションにおける非言語的手がかりの役割, 国立大学法人一橋大学大学院社会学研究科・社会学部

全日本空輸株式会社. “社長メッセージ”.https://www.ana.co.jp/ja/jp/topics/coronavirus-travel-information/.（2020/09/20）

大坊郁夫（1998）「しぐさのコミュニケーション―人は親しみをどう伝えあうか」サイエンス社.

川上善郎・川浦康至・古川良治（1993）「電子ネットワーキングの社会心理―コンピュータ・コミュニケーションへのパスポート」誠信書房.

谷田貝雅典・坂井滋和・永岡慶三・安田孝美（2010）. 視線一致型および従来型テレビ会議システムを利用した遠隔授業と対面授業における学習者特性に応じた学習効果の共分散構造分析, 教育システム情報学会誌 ,Vol.27,No.3,11 －23.

土屋 裕希乃（2016）. 会話場面における視線行動と満足度および印象評価の検討, 国際コミュニケーション学会誌 ,21（1）,153-162.

ドイツ連邦共和国大使館総領事館．“新型コロナウイルス感染症対策に関するメルケル首相のテレビ演説（2020年3月18日）”.2020/3/19.https://japan.diplo.de/ja-ja/themen/politik/-/2331262.（2020/09/20）

東京都庁．“小池知事「知事の部屋」／記者会見（令和2年1月17日）”.2020/1/17.https://www.metro.tokyo.lg.jp/tosei/governor/governor/kishakaiken/2020/01/17.html.（2020/09/20）

東京都庁．“小池知事「知事の部屋」／記者会見（令和2年3月27日）”.2020/3/27.https://www.metro.tokyo.lg.jp/tosei/governor/governor/kishakaiken/2020/03/27.html.（2020/09/20）

東京都庁．“小池知事「知事の部屋」／記者会見（令和2年4月23日）”.2020/4/23.https://www.metro.tokyo.lg.jp/tosei/governor/governor/kishakaiken/2020/04/23.html.（2020/09/20）

日本経済新聞電子版．“「ズーム疲れ」はなぜ？　大きな負担、脳にかかる”. 2020/5/23.https://style.nikkei.com/article/DGXMZO58928360R10C20A5000000/.（2020/09/20）

日本労働組合総連合会．“テレワークに関する調査2020”.2020/6/30.https://www.jtuc-rengo.or.jp/info/chousa/data/20200630.pdf.（2020/09/20）

野島久雄（1999）「電子メディア社会の心理学」情報処理,40（1）,66-70,

パーソル総合研究所．“新型コロナウイルス対策によるテレワークへの影響に関する緊急調査”.2020/4/17.https://rc.persol-group.co.jp/news/202004170001.html,（2020/09/20）

宮田加久子（1993）「電子メディア社会—新しいコミュニケーション環境の社会心理」誠信書房．

BBC NEWS JAPAN. "「一生感謝します」退院のジョンソン英首相、医療スタッフに". 2020/4/13.https://www.bbc.com/japanese/video-52267576.（2020/09/20）
BBC NEWS JAPAN. "「またお会いします」、エリザベス英女王が約束". 2020/4/6. https://www.bbc.com/japanese/video-52178074.（2020/09/20）

Kendon（1967）. Adam Kendon. Some Functions of Gaze-direction in Social Interaction, Acta Psychologica ,26, 22-63.

Lightblue Technology. "急増するweb会議で気疲れする人は5割　リモートワーク1か月調査". 2020/5/11https://prtimes.jp/main/html/rd/p/000000021.000038247.html. .（2020/09/20）

NewsPicks. "【安永竜夫】オンライン出張で問題なし。兆単位の商談を締結".2020/6/26.https://m.newspicks.com/news/4904154/,（2020/09/20）

VTVジャパン株式会社."テレビ会議に関わる人間要因(ヒューマン・ファクタ)". https://www.vtv.co.jp/intro/tech/beginner2/mr-okubo01.html.（2020/09/20）

WWD JAPANニュース."ジョルジオ・アルマーニからの公開書簡　「今回の危機は、業界の現状をリセットしてスローダウンする貴重な機会」". 2020/4/10. https://www.wwdjapan.com/articles/1068987,（2020/09/20）

Yahoo!JAPANニュース."【サイボウズ社長・青野慶久】全員オンラインで気づいた情報格差。「僕はもう出社しちゃダメだ」と大反省".2020/5/7.https://news.yahoo.co.jp/articles/3fe330106672232d1fe5ce3db7d21d9a61aa6ee0,（2020/09/20）

Yahoo!JAPANニュース. "「Zoom疲れ」現在の異常な環境とビデオ会議で疲れないための方法". 2020/5/4.https://news.yahoo.co.jp/articles/8d88c5af1333697973df8fbae0a93221aac71c1e?page=2.（2020/09/20）

YouTube 中田敦彦のYouTube大学-NAKATA UNIVERSITY“【伝え方が9割①】そうだNoの答えをYESに変えよう”.2020/4/26.https://www.youtube.com/watch?v=wPhU8-NzH1I&list=PL4fCcsGH1K_h_QuBL2mg8arfwNjjzqzYD&index=41.(2020/09/20)

YouTube 中田敦彦のYouTube大学 - NAKATA UNIVERSITY“【中田敦彦のしくじり武勇伝】人は何者にでもなれる、いつからでも。”.2020/7/11. https://www.youtube.com/watch?v=hQKEXbv_VJc.（2020/09/20）

YouTube マコなり社長“【告白】僕は会社を潰しました”.2020/9/18. https://www.youtube.com/watch?v=ntNI6yFsCSE.(2020/09/20)

YouTube マコなり社長“【堀江貴文×マコなり社長】プログラミングは超絶簡単”.2019/9/9.https://www.youtube.com/watch?v=g2AFcjHPO2A.（2020/09/20）

YouTube Governor Andrew M. Cuomo. “Governor Cuomo: "We're Going to Get Through It Because We Are New York"”. 2020/3/24.https://www.youtube.com/watch?v=Yc1guXDx9Ag&feature=youtu.be Governor Cuomo: "We're Going to Get Through It Because We Are New York".（2020/09/20）

YouTube HikakinTV.“小池都知事にコロナのこと質問しまくってみた【ヒカキンTV】【新型コロナウイルス】”.2020/4/10.https://www.youtube.com/watch?v=ofCsslfc-So.（2020/09/20）

YouTube The Royal Family. “The Queen's broadcast to the UK and Commonwealth”. 2020/4/5.https://www.youtube.com/watch?v=bP_hNq6-0S8.（2020/09/20）

YouTube Washington Post. “WATCH: New York Gov. Cuomo provides coronavirus update”. 2020/4/28.https://www.youtube.com/watch?time_continue=2&v=MOsib3B2WMA&feature=emb_logo.（2020/09/20）

エピローグ

「普通に話すのとは違うんだよ。テレビなんだから」

大学卒業後、ＮＨＫでアナウンスの仕事をさせていただくようになったものの、全くの素人だった私は新人研修で劣等生でした。

「違うって、何がどう違うんだろう……。どうして上手くできないんだろう……」

あのときの私と同じような戸惑いや不安を感じている方が、この急激なリアルからオンラインへのシフトにおいて多勢でいらっしゃるようにお見受けします。

混乱の中にあっても、一歩踏み出す道標となれば。

そんな願いをこめて執筆しました。

時代がオンラインにシフトしていくなかで、忘れてはならないことがあります。

それは、「退化」ではなく「進化」するということ。

「オンラインでは、どうせ映らないから」と、服を上半身だけ整える。
「オンラインでは、どうせはっきり見えないから」と、髭の手入れやメイクを手抜きする。
「オンラインでは、どうせカンペ見て話せるから」と、「伝え方」の工夫をしない。

公私の区別をつけづらいオンラインでは、どうしても自分に甘くなってしまうもの。それは退化につながります。このことを肝に銘じ、「退化」ではなく「進化」を目指しましょう。

コロナ禍の２０２０年4月、イタリアのファッションデザイナー・アルマーニ氏が書簡でこんなメッセージを伝えました。

「今回の危機は、業界の現状を一度リセットしてスローダウンするための貴重な機会でもある」
「それはわれわれの仕事が持っていた価値をよみがえらせ、商品を手にした顧客に本当の価値を理解してもらえるようにする道でもある」
「オーセンティシティー（欺瞞がなく、信頼できる本物であること）の価値も、これを機会に取り戻したい」

私たちのコミュニケーションも同じです。

あなたが相手に伝えたいメッセージの「本当の価値を理解してもらえる」ための武器として、本書でご紹介したオンラインでの「伝え方」を使ってほしい。そう願っています。

アルマーニの言うauthenticity（オーセンティシティー）とは、「信頼できる本物であること」という意味。実は、弊社の名前「オーセンティ」は、この言葉から名づけました。


これからの時代、本当に必要とされる本物だけが残ります。

ぜひあなたも、オンラインの「伝え方」で本物のメッセージを伝えてください。

それがこの時代の変わり目において、あなたが「進化」することにつながると私は信じています。


最後に。私の礎を築いてくださったＮＨＫの諸先輩方、仲間たち、視聴者の皆さま。

放送業界での経験がオンライン時代の今、また活かされています。ありがとうございます。

研究者としての私を育てご指導くださっている心理学分野の諸先生方。

教育者としての私を育てご指導くださり、スピーチ研究も支えてくださっている大学教職員の方々と学生たち。

研究成果を実際に役立て実学として活用してくださっているスピーチコンサルティングのク

ライアントの方々。

本書は、いままで私が出会った方々の一人でも欠けていたら、ここには存在していません。皆さまのおかげです。心からの感謝を込めてお礼申し上げます。

ありがとうございます。

そしてもちろん、最後までお読みいただいた読者の皆さまにお礼申し上げます。

本書が、あなたがオンライン世界でも活躍するきっかけになることを祈っております。

私もオンラインでのセミナーや講演、コンサルティングをこれからも続けていきます。

次回はぜひ、オンラインでお会いしましょう！

２０２０年10月吉日　弊社オーセンティの事務所にて

矢野　香

プロフィール

矢野香（やの・かおり）

国立大学法人長崎大学准教授。スピーチコンサルタント。

専門は、心理学・コミュニケーション論。

NHKでのキャスター歴17年。おもにニュース報道番組を担当し、番組視聴率20%超えを記録。

NHK在局中からスピーチ研究に取り組み、博士号取得。大学教員として研究をつづけながら、「信頼を勝ち取る正統派スピーチ」を伝授。

クライアントには大手企業、著名人が名を連ね、受講者にはプロの話し手も多数。政治家の演説、大手企業の株主総会、著者の講演・セミナー、教員の講義、学生の就職面接など、エグゼクティブからビジネスパーソンや学生まで幅広い層にオンラインでのコミュニケーションを指導。クライアントの結果達成に定評がある。

著書に『その話し方では軽すぎます！ エグゼクティブが鍛えている「人前で話す技法」』（すばる舎）、『【NHK式＋心理学】一分で一生の信頼を勝ち取る法―NHK式7つのルール―』（ダイヤモンド社）などベストセラー多数。

【公式サイト】https://authenty.co.jp/

【Twitter】https://twitter.com/yano_kaori_

オンラインでの「伝え方」 ココが違います！

2020年10月25日 第1刷発行

著　者　矢野香
発行者　徳留慶太郎
発行所　株式会社すばる舎
　　　　〒170-0013　東京都豊島区東池袋3-9-7 東池袋織本ビル
　　　　TEL 03-3981-8651（代表）
　　　　　　03-3981-0767（営業部直通）
　　　　振替 00140-7-116563
　　　　http://www.subarusya.jp/
印　刷　株式会社シナノ

ISBN978-4-7991-0925-0